리폼드 시리즈 REFORMED SERIES

개혁주의는 하나님 중심, 말씀 중심, 교회 중심의 신학을 말합니다. '성경으로 돌아가자.'던 종교개혁자들의 외침을 따라 하나님의 주권에 복종하고 성경의 권위를 인정하고 근본 교리를 믿었던 사람들이 바로 개혁주의자들입니다. 존 칼빈, 존 번연, 리처드 백스터, 조나단 에드워즈, 존 오웬 등은 대표적인 개혁주의 신학자들입니다. 그들 신앙의 중심에는 성경이 있었고 성경의 바른 교리를 따라 성도들을 가르쳤습니다. 오늘 우리는 그 어느 때보다 신앙의 근본이 절실한 시대를 살고 있습니다. 생명의말씀사는 신앙 선배들의 깊은 통찰이 담긴 양서들을 새롭게 단장하여 한국교회를 섬기고자 합니다.

쉽게 읽는
기독교 강요
The Institutes of the Christian Religion

BIBLICAL CHRISTIANITY
by John Calvin

Copyright ⓒ 2017 Grace Publications Trust
Originally published in English under the title *Biblical Christianity*
published by Christian Focus Publications, Geanies House, Fearn,
Tain, Ross-shire, IV20 1TW, Scotland, UK
All rights reserved.

Korean Edition published by Word of Life Press, Seoul 2017
Translated and published by permission.
Printed in Korea.

본서는 존 칼빈의 『기독교 강요』(1559)를 J. P. 와일즈가 읽기 쉽게 요약하고
B. R. 우드가 편집한 것을 번역·출간한 것입니다.

쉽게 읽는
기독교 강요

ⓒ **생명의말씀사** 2017

2017년 10월 11일 1판 1쇄 발행
2024년 12월 10일   3쇄 발행

펴낸이 ㅣ 김창영
펴낸곳 ㅣ 생명의말씀사

등록 ㅣ 1962. 1. 10. No.300-1962-1
주소 ㅣ 서울시 종로구 경희궁1길 6 (03176)
전화 ㅣ 02)738-6555(본사)·02)3159-7979(영업)
팩스 ㅣ 02)739-3824(본사)·080-022-8585(영업)

기획편집 ㅣ 유영란
디자인 ㅣ 박소정, 윤보람
인쇄 ㅣ 영진문원
제본 ㅣ 다인바인텍

ISBN 978-89-04-02089-8 (04230)
ISBN 978-89-04-00161-3 (04230)

저작권자의 허락 없이 이 책의 일부 또는 전체를
무단 복제, 전재, 발췌하면 저작권법에 의해 처벌을 받습니다.

ND# 쉽게 읽는
기독교 강요
The Institutes of the Christian Religion

존 칼빈 지음
스데반 황 옮김
B. R. 우드 엮음

🔥생명의말씀사

존 칼빈의 『기독교 강요』는 개신교 개혁주의 역사에 있어 웅장한 성처럼 우뚝 선 작품이다. 많은 그리스도인들이 이 책이 귀한 줄 알지만 그 분량과 범위에 겁을 먹고 단지 멀리 떨어져 그 안에 무엇이 들었는지 궁금해한다. 이제 더는 궁금해할 필요가 없다! 이 새로운 판이 모든 독자에게 따스함과 빛을 나누어 줄 것이다. 현대 언어로 요약하여 출간된 이 책은 칼빈의 가장 위대한 작품의 핵심을 선명하게 제공한다. 이 책을 접하고 나면 왜 그렇게 오랫동안 『기독교 강요』를 대하지 않았는지 의아해하게 될 것이다.

_칼튼 윈 R. Carlton Wynne
웨스트민스터 신학대학원(필라델피아) 조직신학과 변증학 부교수

역자의 글

왜 『기독교 강요』를 읽어야 하는가?

『기독교 강요』는 복음을 잃은 로마 가톨릭교회 내부에서 복음을 찾은 남은 자들이 개신교를 조직하게 되면서 내놓은 최초의 조직신학이라 할 수 있다. 이 작품은 1536년에 초판이 출판되었다가 1559년 최종 확장판이 출판된 후 지금까지 개신교, 특히 개혁 신앙의 기반이 되어 왔다.

『기독교 강요』가 나온 배경

존 칼빈은 1509년, 프랑스 북부의 작은 마을 누아용(Noyon)에서 태어났다. 그는 누아용 주교의 비서였던 아버지 덕분에 11살이 되던 해 사제직에 앉았다. 14살이 되어 파리로 유학을 떠난 그는 고전 언어, 논리학, 교부들의 글, 법학 등을 공부했다.

당시 프랑스에서는 은혜의 복음을 붙든 자들이 로마 가톨릭교회로부터 박해를 받았다. 칼빈은 이때 많은 사람에게서 루터의 사상을 접했는데, 특히 종교개혁에 뛰어든 이들의 활동과 불꽃 가운데 사라지는 순교자들을 목격했다. 어느새 칼빈도 복음에 사로잡혔고, 로마 가톨릭교회의 제거 대상이 되었다. 칼빈은 추적을 피해 피신하는 중에도 가는 곳마다 비밀리에 복음을 전했다.

1535년 스위스 바젤에서 안식처를 찾은 칼빈은 성경의 진리를 체계적으로 정립하는 데 모든 시간을 사용했다. 그리고 1536년 봄, 『기독교 강요』를 출판했다. 이때 그의 나이는 겨우 26세였다. 그 후 많은 연구와 기도 가운데 1559년에 출판된 최종 확장판은 초판보다 약 5배 정도 분량이 많았다.

『기독교 강요』와 현대 그리스도인

『기독교 강요』는 당시 프랑스 왕이었던 프랑수아 1세에게 보내진 글이다. 칼빈은 프랑스에서 핍박받는 사람들은 반역자가 아닌 성경을 통해 복음을 붙든 신자들이라 밝히며, 복음이 무엇인지 또한 개신교의 핵심 사상이 무엇인지 탁월한 체계와 논리로 제시했다. 지난 500년 가까이 『기독교 강요』를 읽은 신자들은 성경을 상고해 그 내용이 복음의 참된 교리임을 확인했다. 그래서 바른 기독교를 알기 원하며, 복음을 통한 영원한 진리와 빛과 생명을 붙들기 원하는 자들은 이 책을 통해 성경을 배우며 마음껏 성장할 수 있었다.

1. 복음의 진수를 배운다

교회는 그리스도의 복음에 서 있다. 십자가 복음의 능력은 하나님의 영원한 주권 및 경륜과 연결되어 있으며, 성령님의 도움으로 나타난다. 그러기에 『기독교 강요』는 성삼위 하나님이 어떤 분이신지, 또한 창조주 하나님의 능력과 권한과 영원한 계획이 무엇인지 성경으로부터 끄집어낸다.

우리는 『기독교 강요』를 통해 인류를 향한 하나님의 계획을 시작부터 끝까지 볼 수 있다. 또한 그 중심에 그리스도 예수와 그분의 십자가가 서 있는 것을 본다. 이 작품이 지극히 위대하고 안전한 이유는 처음부터 끝까지 하나님으로부터 시작해 하나님으로 마치는 데 있다. 우리는 이 책에서 그리스도의 십자가를 통해 인류의 역사와 각 개인의 삶을 영원한 관점에서 보게 된다.

2. 복음 중심의, 가장 안전한 성경 해석의 틀을 얻는다

『기독교 강요』는 영원한 관점에서 성경 전체를 보는 가장 안전한 성경 해석의 틀을 제시한다. 이 책이 보여 주는 성경 해석들은 오늘날 자기 멋대로 해석하며 끄집어내는 온갖 종류의 치졸한 해석들을 부끄럽게 할 것이다. 우리는 『기독교 강요』를 읽을 때마다 하나님이 칼빈에게 알려 주신 성경의 큰 그림을 더욱 구체적으로 선명하게 보게 된다. 그 그림은 다름 아닌 하나님의 영

광을 위해 우리들이 지어졌고 또한 그리스도의 생명의 피로 구원을 받았다는 사실이다.

3. 거짓 교회, 거짓 믿음, 거짓 신자를 분별하는 통찰력을 얻는다

복음을 잃은 로마 가톨릭교회는 복음을 붙든 참 교회를 핍박했다. 핍박의 동기는 진리 문제였다. 특히 구원을 얻는 데 인간의 공로가 필요한지 아니면 오직 은혜로 오직 그리스도만을 믿음으로 구원을 얻는지에 대한 진리의 싸움이었다. 『기독교 강요』는 거의 완벽한 기독교 진리의 체계로서 참 복음과 참 교회를 보여 준다. 이 책을 공부할수록 성경으로 복음의 진리를 확증하게 되면서 거짓 교회와 거짓 복음을 분별하게 될 것이다.

수많은 이단이 있는 이때 우리는 반드시 오직 성경만을 믿으며, 오직 예수만을 의지하고, 오직 하나님께 감사로 영광 돌리며, 내 힘이 아닌 오직 성령님을 따르는 말씀 중심의 삶을 살아야 한다. 이번에 선을 보이는 『쉽게 읽는 기독교 강요』가 날로 첨예해지는 진리 전쟁의 한복판에 선 현대 그리스도인들이 기독교 신앙의 핵심을 파악하는 데 도움이 되기를 바란다.

_ 스데반 황 목사
(그리스도의 보혈 교회 담임, 개혁복음주의회 대표)

역자의 글 왜 기독교 강요를 읽어야 하는가 · 6

제1권 창조주 하나님을 아는 지식 · 14

제 1 장 하나님을 아는 지식과 인간을 아는 지식은 밀접하게 연결되어 있다
제 2 장 하나님을 안다는 것의 의미
제 3 장 하나님을 아는 지식은 본성적으로 인간의 마음속에 심겨져 있다
제 4 장 이 지식은 무지와 죄악에 의해 막히거나 변질된다
제 5 장 사람은 만물의 활동을 통해 하나님을 알 수 있다
제 6 장 창조주에 대한 진정한 지식에 이르려면 성경이 필요하다
제 7 장 성령님이 성경의 권위를 보장하신다
제 8 장 성경의 진리를 확신할 수 있는 확고하고 타당한 증거들이 있다
제 9 장 성경을 무시하고 새로운 계시를 구하는 것은 하나님의 뜻에 어긋난다
제10장 창조와 성경은 이방 민족의 신들을 부인한다
제11장 어떤 종류이든 하나님의 모양이나 형상을 만드는 것은 죄이다
제12장 예배는 오직 하나님께만 드려져야 한다
제13장 하나님은 본질에 있어 하나이시며, 이 본질은 세 위격을 포함한다
제14장 그 어떤 피조물에게도 하나님께만 합당한 영광을 돌려서는 안 된다
제15장 인류의 창조
제16장 하나님은 그가 지으신 만물을 계속 다스리신다
제17장 하나님의 돌보심에 대한 교훈을 적용하는 방법
제18장 악인들을 의롭게 사용하시는 하나님

제2권 구속자 하나님을 아는 지식 · 86

제 1 장 아담의 타락과 원죄
제 2 장 노예 상태에 있는 인간의 의지
제 3 장 인간의 의지는 죄에 속박되었으며, 오직 은혜로만 자유롭게 된다
제 4 장 인간의 마음 안에서 하나님이 역사하시는 방법
제 5 장 각 사람이 자유의지를 가진다는 주장에 대한 대답들
제 6 장 우리는 타락한 사람들로서 그리스도 안에서 구원을 얻어야 한다
제 7 장 율법의 목적
제 8 장 도덕법
제 9 장 그리스도는 구약 시대에도 알려져 있었지만, 충분히 계시되지는 않았다
제10장 구약성경과 신약성경의 유사점
제11장 구약성경과 신약성경의 차이점
제12장 그리스도께서는 중보자가 되기 위해 사람이 되셔야만 했다
제13장 그리스도께서는 참 사람이셨다
제14장 중보자의 두 본성
제15장 그리스도께서는 우리의 선지자, 제사장, 왕이시다
제16장 그리스도의 구속 사역
제17장 그리스도께서 자신의 공로로 우리를 위한 은혜를 얻어 내셨다

제3권 그리스도의 은혜를 받는 방법과 결과 · 150

제 1 장 그리스도의 복음은 성령님의 신비한 역사로 우리에게 유익을 준다
제 2 장 믿음과 그 특성들
제 3 장 참된 회개
제 4 장 로마 가톨릭의 회개에 대한 교리 점검
제 5 장 로마 가톨릭의 가르침에 대해 몇 가지 더 살펴봄
제 6 장 그리스도인의 삶
제 7 장 그리스도인의 자기 부인
제 8 장 십자가를 지는 것
제 9 장 내세의 삶을 바라봄
제10장 현재의 삶을 바르게 사용함
제11장 믿음으로 의롭다 함을 얻음
제12장 하나님의 심판대
제13장 우리는 모든 영광을 하나님께 드려야 한다
제14장 참된 칭의
제15장 하나님의 영광과 우리의 구원의 확신
제16장 믿음으로 말미암은 칭의에 대한 몇 가지 반론들
제17장 율법의 위치
제18장 상급

제19장 그리스도인의 자유
제20장 기도
제21장 선택 1
제22, 23, 24장 선택 2
제25장 부활

일러두기
칼빈은 기독교 강요 제4권에서 교회와 성례와 정치에 대해 썼으나
이 책에서는 생략되었다.

제 1 장 하나님을 아는 지식과 인간을 아는 지식은 밀접하게 연결되어 있다
제 2 장 하나님을 안다는 것의 의미
제 3 장 하나님을 아는 지식은 본성적으로 인간의 마음속에 심겨져 있다
제 4 장 이 지식은 무지와 죄악에 의해 막히거나 변질된다
제 5 장 사람은 만물의 활동을 통해 하나님을 알 수 있다
제 6 장 창조주에 대한 진정한 지식에 이르려면 성경이 필요하다
제 7 장 성령님이 성경의 권위를 보장하신다
제 8 장 성경의 진리를 확신할 수 있는 확고하고 타당한 증거들이 있다
제 9 장 성경을 무시하고 새로운 계시를 구하는 것은 하나님의 뜻에 어긋난다
제10장 창조와 성경은 이방 민족의 신들을 부인한다
제11장 어떤 종류이든 하나님의 모양이나 형상을 만드는 것은 죄이다
제12장 예배는 오직 하나님께만 드려져야 한다
제13장 하나님은 본질에 있어 하나이시며, 이 본질은 세 위격을 포함한다
제14장 그 어떤 피조물에게도 하나님께만 합당한 영광을 돌려서는 안 된다
제15장 인류의 창조
제16장 하나님은 그가 지으신 만물을 계속 다스리신다
제17장 하나님의 돌보심에 대한 교훈을 적용하는 방법
제18장 악인들을 의롭게 사용하시는 하나님

제1권

창조주 하나님을
아는 지식

The Knowledge of God the Creator

1

The Knowledge of God the Creator

창조주 하나님을
아는 지식

제1장
하나님을 아는 지식과 인간을 아는 지식은
밀접하게 연결되어 있다

참된 지혜를 갖기 원하는가? 그렇다면 두 가지를 알아야 한다. 첫째로는 하나님을 알아야 하며, 둘째로는 우리 자신을 알아야 한다. 이 두 지식은 밀접하게 연결되어 있어서 하나를 제대로 알아야만 다른 하나도 제대로 알 수 있다.

하나님을 아는 지식
우리는, 우리를 지으시고 항상 보살피시는 하나님을 모른다면 우리 자신을 진실하게 생각할 수 없다. 우리의 능력은 우리에게서 난 것이 아니다. 우리는 분명 우리 자신에게 생명을 주지 않았다. 우리는 생명을 포함해 너무나 많은 것을 하나님께 받았기에 그것을 주신 분을 생각할 수밖에 없다. 뿐만 아니라 악한 본성을 지닌 우리는 하나님을 바라보며 더 나은 것을 구하게 된다. 우리의 무지와 궁핍과 약함과 부패를 하나님이 그분의 참된 지혜와 부요함과 능력과 의로움으로 대체해 주시기를 원한다.

우리 자신을 아는 지식

우리 자신에 대해 올바른 지식을 가지려면 하나님을 알아야 한다. 또한 하나님 보시기에 우리가 어떠한 존재인지 알아야 한다. 주님을 바라보며 그분의 완전함이 우리를 평가하는 유일한 기준임을 모를 때 우리는 교만 가운데 스스로를 지혜롭고 거룩하다 여긴다. 그러나 주를 알게 되면, 우리가 위선자라는 사실을 발견하게 된다. 우리는 하나님의 참된 의를 가지지 못했으면서도 의롭게 '보이는 것'으로 만족해한다.

우리의 판단력은 우리 주변의 악에 의해 더럽혀졌다. 그래서 우리는 어떤 것이 다른 것들만큼 부패하지만 않으면 그것이 선하다고 생각한다. 마치 검은 색을 보다가 우윳빛을 보았을 때 우리 눈이 검은 색에 적응한 탓에 우윳빛을 흰색이라 여기게 되는 것과 같다. 하나님 보시기에 우리의 의는 죄이며, 우리의 힘은 약함이고, 우리의 지혜는 어리석음이다. 우리는 이 사실을 배워야 한다.

하나님을 만난 자들의 반응

하나님의 임재를 의식한 성도는 두려움과 놀라움으로 가득해진다. 삼손의 아버지 마노아는 "우리가 하나님을 보았으니 반드시 죽으리로다"(삿 13:22)라고 말했다. 이사야는 자신의 부정함을 강하게 느끼면서 "화로다 나여 망하게 되었도다 나는 입술이 부정한 사람이요"(사 6:5)라고 부르짖었다. 이 밖에도 에스겔서 1장 28절과 3장 14절, 다니엘서 8장 18절과 10장 16-17절을 보라. 우리는 이들에게서 하나님의 위엄을 대면한 사람은 자신의 무가치함을 느낀다는 사실을 배울 수 있다.

제2장
하나님을 안다는 것의 의미

하나님을 안다는 것은 단지 하나님이 존재하신다는 사실을 아는 것이 아니다. 경건하게 살지 않는 자들은 하나님을 참되게 알 수 없다. 어떤 사람은 하나님이 그분의 능력으로 만물을 창조하셨고 또 만물을 유지하심을 알게 되면서 하나님을 좀 더 알게 된다. 어떤 사람은 하나님이 지혜와 공의와 사랑으로 인류를 돌보며 다스리심을 깨닫는다. 하지만 우리가 참으로 하나님을 알 수 있는 때는, 하나님 없이는 우리에게 지혜와 의와 능력과 진리가 전혀 없음을 아는 때이다.

우리는 하나님께 모든 선한 것을 구하며 감사해야 한다. 그럴 때 우리는 하나님이 우리를 지으시고 지키시기에 우리 삶이 그분께 속해 있음을 깨닫는다. 만일 우리가 하나님의 것이라면, 우리는 오직 하나님이 우리에게 행하라고 하신 것만을 행해야 한다. 우리는 죄를 멀리해야 한다. 선을 행하려는 우리의 열망은, 잘못을 하면 형벌을 받는다는 두려움에서 생겨나지 않는다. 하나님을 사랑하기 때문에 하나님의 마음을 상하게 하지 않으려는 마음에서 생겨난다.

제3장
하나님을 아는 지식은 본성적으로 인간의 마음속에 심겨져 있다

모든 인간의 마음속에는 어떤 종류든 신에 대한 사고(思考)가 들어 있다. 하나님은 이러한 사고를 주셨고 계속 주신다. 사람은 하나님이 존재하시는지 몰랐다고 핑계할 수 없다. 심지어 우상 앞에 절하는 사람도 있는데, 이는 그가 세상에는 자신보다 뛰어난 존재가 있으며 그 신은 숭배받기에 합당하다고 생각한다는 것을 입증한다.

일부 비평가는 종교란 사람들을 억압하기 위해 만든 것이라고 말한다. 그러나 사실이 아니다. 물론 어떤 사람들은 종교를 이용해 사람들을 억압한다. 하지만 사람의 깊은 마음속에 먼저 하나님에 대한 생각이 없다면, 그들은 결코 그런 일을 할 수 없다. 어떤 사람들은 하나님이 없다고 믿는다. 그러나 종종 그들은 어쩔 수 없는 상황을 맞고는 그동안 망각하려 했던 신의 존재를 믿는다. 그들은 자신의 악행에 대해 신이 벌을 내릴까 두려워한다.

하나님을 아는 지식은 학교에서 배울 수 있는 그런 지식이 아니다. 이 지식은 인간의 마음속에 심겨진 지식이기에 사람이 아무리 노력해도 완전하게 제거되지 않는다.

제4장
이 지식은 무지와 죄악에 의해 막히거나 변질된다

사람이 하나님의 존재를 생각하는 것은 명백한 사실이나, 이 생각을 소중히 여기는 사람은 거의 없다. 어떤 사람들은 미신을 믿으며, 다른 사람들은 고의적으로 죄악을 선택한다. 그들은 단지 어리석은 것이 아니다. 그들은 하나님을 거역했다. 그들은 하나님을 생각할지라도 그분을 존귀하게 여기고 말하지 않는다. 그들은 하나님에 대해 그릇된 관점을 지녔으면서도 스스로 지혜롭다고 생각한다. 바울은 "(그들이) 스스로 지혜 있다 하나 어리석게 되었다"(롬 1:22)라고 말한다.

다윗은 하나님이 주신 그 빛을 억누르는 자들에 대해 "어리석은 자는 그의 마음에 이르기를 하나님이 없다 하는도다"(시 14:1)라고 말한다. 악한 사람은 하나님이 없다고 말한다. 어떤 사람들은 하나님이 없다는 듯 행동한다.

다윗은 이러한 사람들에 대해, 악인의 눈에는 하나님을 두려워하는 빛이 없고, 그는 우쭐해져서 마음속으로 이르기를 자신의 죄악은 하나님이 보지 못하실 것이라고 말한다고 묘사한다(시 36:1-4). 하지만 하나님을 마음속에서 내쫓기 바라는 자들마저 때때로 하나님의 심판의 기준을 접하게 된다. 그 기준은 그들 내면에 있는 양심이다.

어떤 사람들은 우리가 열심히 노력을 한다면 무엇을 믿든 중요하지 않다고 말한다. 그러나 하나님은 변하지 않는 분이시다. 옳고 그름에 대한 그분의 기준은 우리 기준에 맞추고자 변경되지 않는다. 우리는 하나님을 올바르게 알아야 한다. 그렇지 않으면 그분에 대한 우리의 견해는 심각하게 엇나가게 된다. 그럴 바에는 차라리 아무런 견해를 갖지 않는 편이 낫다.

사도 바울은 에베소 교인들에게 그들이 참되고 유일하신 하나님에 대해 바른 지식을 갖지 못했던 때는 그들에게 하나님이 없었던 것이라고 말한다. 이 사실은 우리에게도 해당된다. 만일 우리가 하나님을 바르게 알지 못한다면 우리 역시 우상을 섬기게 될 것이다.

강요받는 경우 말고는 전혀 하나님을 생각하지 않는다면 그 또한 죄가 된다. 죄인들은 하나님의 심판에 대한 두려움 때문에 어쩔 수 없이 하나님을 두려워한다. 그들은 심지어 하나님의 의로운 판단을 뒤집기 원한다. 이들 중 일부는 온갖 죄를 저지르면서도 동시에 겉으로는 경건하게 보이려고 노력한다.

전 인생에 걸쳐 주님께 항상 순종함이 마땅하지만, 죄인들은 악을 행함으로써 하나님을 거역한다. 그 후 그들은 약간의 희생으로 하나님의 호의를 되찾을 수 있다고 생각한다. 하지만 하나님을 아는 그들의 지식의 불꽃은 악을 행함으로 소멸된다. 그들은 하나님으로부터 받은 하나님에 대한 지식을 잃는다. 그들은 편안한 시기에는 하나님을 조롱하고, 어려움을 당할 때는 절망 가운데 주님께 도움을 요청한다. 그들이 기도한다는 것은, 그들이 하나님을 전혀 몰랐던 것은 아니라는 사실을 보여 준다.

제5장
사람은 만물의 활동을 통해 하나님을 알 수 있다

하나님은 만물의 질서 가운데 자신을 분명하게 드러내신다. 따라서 그분이 만드신 것들 안에서 그분을 보기 원한다면 우리 눈을 열기만 하면 된다. 하나님의 본질은 우리에게 감추어져 있어서 우리는 그 본질을 파악할 수 없다. 그러나 주님이 지으신 만물에서 그분의 영광의 표시를 뚜렷하고 확실하게 볼 수 있다.

우리는 하나님을 모른다고 핑계할 수 없다. 우리가 눈을 들어 만물을 본다면 그 어떤 부분을 보든 주님의 영광의 빛을 볼 수 있다. 사도 바울은 하나님이 그분의 작품인 만물을 통해 자신을 우리에게 보이셨으므로 그분의 능력과 신성은 피조물들에 의해 분명히 보여 알려졌다고 말한다(롬 1:20).

그러므로 수많은 피조물들이 주의 지혜를 보여 준다. 과학자들은 별들과 위성들, 해와 달의 움직임을 관찰하면서 하나님의 지혜의 깊은 비밀을 더욱 탐구할 수 있다. 그들은 별들의 거리를 측정하면서 그 광대함에 감탄한다. 물론 이것이 과학자가 아닌 사람은 천체를 지으신 분을 인식하지 못해도 된다는 뜻은 아니다. 우리에게는 눈이 있다. 우리는 천체가 얼마나 다양하며 질서가 정연한지 볼 수 있다. 가장 분명한 것은 하나님은 그분의 놀라운 작품들을 통해 그분의 지혜를 모든 사람에게 보이셨다는 사실이다.

마찬가지로 제대로 훈련받은 의사는 사람의 몸의 구조와 아름다움과 유용성을 인식한다. 몸의 뼈대는 그것을 지으신 분의 위대한 기술을 입증한다. 참으로 "그(하나님)는 우리 각 사람에게서 멀리 계시지 아니하다"(행 17:27). 하나님의 작품을 찾고자 한다면 자신의 몸을 보라. 자기 몸을 볼 때 하나님을 모른다고 변명할 수 없다. 그럼에도 하나님을 찾기 거절한다면 게으른 것이다.

사실 하나님을 모르는 것은 단지 우리가 얼마나 배은망덕한지 드러낼 뿐이다. 우리는 자신이 하나님의 위대한 작품인 것과 또한 무한한 재능을 받았음을 알고 교만으로 부푼다. 그러나 우리는 우리를 지으시고 모든 것을 주신 하나님께 영광 돌려야 한다.

사람들은 하나님을 생각하는 대신 '자연'을 드높여 왔다. 그들은 '자연'이 모든 만물과 사람을 지은 조물주라고 말한다. 하지만 인간의 생각의 빠른 작용과 그 놀라운 추론 능력은 명백하게 하나님이 창조주이심을 보여 준다. 그럼에도 사람은 하나님이 주신 이러한 능력을 사용해 그분을 대항한다.

어떤 사람은 영혼은 몸 없이 존재할 수 없다고 말한다. 따라서 몸이 죽을 때 영혼도 죽는다고 말한다. 하지만 영혼은 몸과 따로 동작한다. 또 우리는 몸에 구애되지 않고 과거와 미래를 숙고하고 들은 것을 기억하고 상상한다. 심지어는 잠든 상태에서도 마음으로 생각하고 상상할 수 있다. 이러한 사실은 하나님이 우리 안에 어떤 일을 하셨음을 보여 주는 좀 더 상세한 표시이다. 인간의 본성에는 결코 지워지지 않는 불멸의 표시들이 있다. 사람의 이성은 우리로 하여금 창조주를 인정할 수밖에 없게 한다.

어떤 사람들은 만물에 생명을 주는 일종의 우주적 정신(universal mind)이 존재한다고 말하면서, 참 하나님에 대한 개념을 없애려고 노력한다. 이러한 노력은 단지 실체가 없는 어떤 힘으로 하나님을 대체하려는 시도이다. 그러나 어떤 힘을 두려워하고 숭배하는 것은 옳지 않다. 하나님이 지으신 피조물과 하나님의 뜻에 복종하는 자연의 활동을 하나님과 혼동하는 것은 심각한 결과를 초래하는 큰 실수이다.

그러므로 우리는 우리 몸을 생각할 때마다 만물을 다스리는 한 분 하나님이 계시다는 사실을 기억해야 한다. 하나님은 우리가 그분께 돌아가 그분을 믿고 경배하기 바라신다. 주님이 주신 멋진 선물들을 사용하고 누리면서, 모든 필요를 끊임없이 채우시는 그분을 외면한다면 전혀 타당하지 않은 일이다.

하나님이 지으신 만물을 보며 감탄하자. 하나님은 그분의 능력으로 하늘과 땅을 붙들고 계시다. 천둥으로 하늘을 흔드시고, 번개로 밝히신다. 폭풍으로 공기를 저으시고 한순간에 폭풍을 잠잠케 하신다. 그분은 노호하는 바다의 파도에 경계를 주셨고, 거친 바람으로 파도를 때려 분노하게 하시고 다시 평온을 가져오신다. 하나님의 능력은 그분의 영원함을 생각하게 한다. 만물을 지으신 하나님은 틀림없이 영원하시다. 틀림없이 스스로 존재하는 분이시다.

우리는 인간들에게 발생하는 사건들 속에서 하나님의 일하심을 볼 수 있다. 주님은 모든 사람에게 자비로우시다. 그러나 주님은 분명하고 일관된 태도로 의로운 자에게는 선하게, 악한 자에게는 엄하게 행하신다. 주님은 친히 범죄자를 벌하시며 결백한 자를 보호하고 신원하신다.

물론 때때로 주님은 악인이 잠시 승리하는 것과 결백한 자가 어려움과 억압을 당하는 것을 허용하신다. 하지만 이러한 사실이 주님의 공의를 감추지는 못한다. 그러므로 하나님을 오해하기보다, 어떤 범죄를 벌하시는 주님을 보았다면 그가 모든 죄를 미워하신다는 사실을 배워야 한다. 우리는 주께서 수많은 죄악을 당장 벌하지 않으심을 볼 때 장래에 그들을 벌할 심판이 있다는 사실을 알아야 한다.

시편 107편에서 시인은 하나님의 돌보심에 대해 가르친다. 하나님은 불행을 당한 자들에게 기대치 않은 놀라운 도움을 주셨다. 광야에서 헤매는 자들을 보호하고 인도하셨으며, 배고픈 자들에게 음식을 주고, 갇힌 자들을 구하고, 병든 자를 치유하고, 땅을 기름지게 하고, 낮아진 자들을 일으켜 세우셨다. 많은 사람들은 이러한 일이 우연히 일어난다고 생각하지만, 시인은 이런 일은 하나님이 자기 백성을 돌보신다는 사실을 보여 주며, 이를 깨닫는 자는 주의 사랑과 인애를 알게 될 것이라고 말한다.

우리가 참으로 하나님을 알게 된다면, 장래를 바라보게 될 것이다. 우리는 현재에 드러나는 하나님의 선하심과 엄중하심은 완전한 것이 아님을 알기에 이생은 단지 시작일 뿐이라는 결론을 내린다. 내세에서는 하나님의 자비와 심판이 각각 완전하게 드러날 것이다.

우리는 경건한 사람들이 악한 자들에게 고통당하는 것을 보면서, 또 악인들이 편안하게 사는 것을 보면서, 언젠가 선과 악이 각각 합당한 보응을 받게 될 또 다른 생애가 장래에 있다고 올바르게 생각할 수 있어야 한다.

어거스틴[1]은 "만일 모든 죄가 당장 벌을 받는다면, 우리는 장래에 심판이 없을 것이라 생각할 것이다. 만일 그 어떤 죄도 당장 벌을 받지 않는다면, 우리는 하나님의 능력이나 다스림 같은 것들은 전혀 없다고 생각할 것이다."라고 말했다.

---

1) Augustine of Hippo(354-430). 기독교 초기에 중요한 선생이며 저자였다.

하나님은 그분이 만드신 만물 가운데 주의 영원한 능력을 분명히 드러내셨다. 그럼에도 불구하고 인간은 교훈을 얻지 못한다. 우리는 주변의 자연을 자주 보면서도 창조주를 생각하지 않는다. 우리는 수많은 사건들을 하나님이 행하신 일로 깨닫기보다는 너무도 자주 우연이라고 말한다. 우리 주변의 피조물들은 마치 등불처럼 창조주의 영광을 밝게 비춘다. 하지만 사람들은 그 빛에 주목조차 하지 않음으로써 그 빛을 헛되게 한다. 그러나 그 피조물들은 여기 존재한다. 우리는 하나님을 알 수 없었다고 핑계할 수 없다.

또한 하나님은 넘치는 은혜 가운데 우리에게 또 다른 인도하는 빛을 주셨다. 그 빛은 하나님의 창조를 더욱 분명하게 알려 준다. 그 빛은 바로 성경이다.

제6장
창조주에 대한 진정한 지식에 이르려면 성경이 필요하다

하나님은 피조물을 통해 자신의 영광의 찬란함을 우리에게 보여 주신다. 그러므로 우리는 주님을 알 수 없었다고 핑계할 수 없다. 그럼에도 우리는 하나님을 바르게 알도록 더 나은 도움이 필요하다. 그래서 주님은 우리에게 주의 말씀의 빛을 주셨다. 이는 주님의 사랑을 받는 자에게 주어지는 특권이다.

시력이 나쁘면 책에 쓰인 글자를 잘 읽지 못한다. 하지만 돋보기를 사용하면 쉽게 읽을 수 있다. 성경도 마찬가지이다. 성경은 하나님에 대한 우리의 흐릿한 지식을 밝혀 주고 뚜렷하게 그분을 드러내 보여 준다. 그렇다면 성경은 가장 귀중한 선물이다. 하나님은 우리가 피조물을 통해서만 그분을 찾도록 남겨 두지 않으시고 따로 기록된 정보를 주셨다.

하나님은 성경 저자들에게 친히 말씀하시거나 또는 무엇을 기록해야 할지 환상을 통해 가르쳐 주심으로써 자신을 알리셨다. 그들은 이러한 사건과 더불어 그들이 받은 가르침이 진리임을 확신했고, 그 진리가 하나님으로부터 왔음을 확인했다. 하나님은 그분의 진리를 조금도 의심할 수 없게 하셨다. 이 진리들은 후세대를 위해 공적인 기록으로 남겨졌다. 율법과 선지자[2]의 주요 목표는 그리스도를 증거하는 것이다. 그리고 성경은 다른 거짓 신들로부터 하늘과 땅을 지으신 참 하나님을 구별한다.

사람이 피조물을 통해 하나님의 영광을 생각하는 것은 옳다. 그리고 하나님의 말씀을 읽는 것도 옳다. 사실 우리를 지으신 창

---

2) 즉, 구약성경

조주를 더 많이 알려면 성경을 읽어야 한다. 우리는 성경 없이는 바른 교리를 배울 수 없다. 사람이 얼마나 신속히 하나님을 망각하는지 안다면 이 기록된 진리가 얼마나 필요한지 알 수 있다. 만일 우리가 주의 말씀을 모른다면 우리는 결코 하나님을 알 수 없을 것이다. 시편 기자는 하늘이 하나님의 영광을 선포하고 계속되는 날과 밤이 주의 장엄함을 외친다고 말한 후 이렇게 말한다. "여호와의 율법은 완전하여 영혼을 소성시키며 여호와의 증거는 확실하여 우둔한 자를 지혜롭게 하며"(시 19:7).

제7장
성령님이 성경의 권위를 보장하신다

신자들은 성경이 하늘로부터 온 선물임을 분명하게 알아야 한다. 교회[3]가 승인했기 때문에 성경이 중요하다는 말은 심각한 오류이다. 하나님의 영원하고 변함없는 진리는 인간의 판단에 달려 있지 않다. 교회는 성경에 포함될 책들을 교회가 결정했다고 주장하는데, 그 이유는 단지 무지한 사람들로 하여금 교회가 전능하다고 믿게 하려는 것이다.

---
3) 칼빈은 그 당시 로마 가톨릭교회를 말하고 있다.

우리는 인간의 판단을 의지하지 않는다. 만일 사람의 판단을 의지한다면, 양심의 가책을 느끼는 사람들이 의지할 대상은 오직 다른 사람들이 될 것이다. 하지만 영생의 소망을 찾기 원한다면 각 개인이 성경을 의지해야 한다.

바울은 교회는 사도들과 선지자들의 바탕 위에 있다고 말한다. 만일 우리가 이 말을 사실로 받아들인다면, 우리는 그들이 교회가 세워지기 전에 성경에 기록된 것을 참된 교리로 받아들였음을 인정해야 한다. 성경은 교회가 존재하기 이전부터 권위를 지니고 있었다.

성경에서 가장 중요한 주장은 "주께서 말씀하시기를"이다. 선지자들과 사도들은 자신의 지혜를 자랑하지 않았다. 그들의 말에 순종해야 하는 이유는 그들이 하나님의 거룩한 이름을 제시하기 때문이다. 만일 우리가 의심과 불확신으로부터 우리의 양심을 구원하기 바란다면, 우리의 믿음을 인간의 논쟁이나 결정보다 훨씬 더 높은 안전한 터에 두어야 한다. 우리의 믿음을 두어야 하는 높은 터는 우리 안에서 증거하시는 성령님이시다.

단지 논쟁을 통해 성경을 믿도록 하려는 것은 소용이 없다. 우리가 우리의 말을 청종하는 자들로 하여금 성경을 받아들이도록 설득할지라도 그들은 단지 지적으로 설득될 뿐이다. 논쟁은 경건에 필요한 견고한 믿음을 세우지 못한다.

많은 사람들이 신앙을 지적인 것이라 생각한다. 그들은 모세와 선지자가 하나님의 영감에 의해 말했다는 사실에 강력한 논증을 요구한다. 필자는 성령님의 증거는 모든 논증을 초월한다고 답한다. 우리가 하나님을 알 수 있는 유일한 방법은 성경 안에서 주님이 친히 자신에 대해 말씀하신 것을 통해서이다.

선지자들을 통해 말씀하신 성령님은 우리 마음속에 들어오셔서 선지자들이 하나님의 계시를 충실하게 기록했다는 확신을 주신다. 이사야는 이 사실을 분명하게 언급한다. "네 위에 있는 나의 영과 네 입에 둔 나의 말이 이제부터 영원하도록 네 입에서와 네 후손의 입에서와 네 후손의 후손의 입에서 떠나지 아니하리라 하시니라 여호와의 말씀이니라"(사 59:21).

우리는 분명하게 이 말씀을 받아들여야 한다. 성령님에 의해 내적으로 가르침을 받은 자는 성경에 관해 확고하게 대답한다. 성경은 그 권위에 있어 인간의 증거나 논증을 필요로 하지 않는다. 성경의 진리는 성령님에 의해 증거된다. 이보다 더 큰 증거는 있을 수 없다.

성경은 그 자체로서 위엄을 지니기에 우리의 경의를 요구한다. 하지만 우리는 성령님에 의해 가르침을 받기 전에는 성경에 대해 별다른 관심을 보이지 않는다. 우리가 성경이 하나님으로부터 왔다고 믿게 되는 것은 내 자신의 판단이나 다른 사람들의 판단으로 되는 것이 아니다. 하나님은 사람들을 택해 성경을 기록하게 하신 후 성경을 통해 친히 우리에게 말씀하시고, 성령님은 이 사실을 확신시켜 주신다.

제8장
성경의 진리를 확신할 수 있는 확고하고 타당한 증거들이 있다

우리가 성령님을 통해 성경에 대한 확신을 갖고 그에 맞는 경의를 갖추고 성경을 대할 때 이성적인 논증들이 믿음에 도움이 된다. 우리의 믿음은 성경 안에 있는 신적인 지혜의 부요함과 그 순서와 배치를 고려할 때 크게 확증된다. 우리는 성경의 교훈이 기이할 정도로 순수하다는 사실을 확신하면서 성경의 모든 부분에서 아름다움을 본다. 우리의 마음은 언어의 아름다움보다는 계시된 내용의 위엄에 감탄을 쏟아내며 더욱 확신을 얻게 된다.

하나님의 지혜는 일반적으로 하나님 나라의 위대한 비밀이 간단한 문제로 언급되는 데서 드러난다. 그 누구도 말씀의 능력이 언어의 아름다움에 있다고 주장할 수 없다. 그 진리들은 너무나 강력하기에 인위적이고 기술적인 언어의 도움이 필요 없다. 바울은 고린도 교인들에게 그들의 믿음은 사람의 지혜가 아닌 하나님의 능력에 서야 한다고 말함으로써 이 사실을 알려 주었다. 그의 설교는 설득력 있는 사람의 지혜가 아닌 다만 성령님의 나타나심과 능력으로 한 것이었다(고전 2:4).

성경에는 그 어떤 아름답고 훌륭한 인간의 글에서는 찾아볼 수 없는 능력이 있다. 다른 책들도 우리의 마음을 사로잡고 즐거움을 줄 수 있지만, 하나님의 말씀은 우리 마음속에 들어가 영혼 가장 깊은 곳을 사로잡는다.

일부 선지서는 세상의 위대한 작가들의 아름다운 글과 비교될 만큼 격조 높은 아름다운 문체로 쓰였다. 이는 성령님이 격조 높은 문체로 성경 전체를 쓰실 수 있었음을 보여 준다. 하지만 하나님의 장엄함은 다윗과 이사야의 아름다운 언어에서뿐만 아니라 예레미야와 아모스의 글처럼 평범한 언어를 통해서도 분명하게 드러난다.

구약성경의 권위에 대한 몇 가지 증거들

모세의 글을 보면 그의 가족에게 수치가 되는 내용이 기록되어 있다. 이는 모세의 진실함을 보여 준다. 그는 레위 족속에 속했으면서도 "시므온과 레위는 형제요 그들의 칼은 폭력의 도구로다"(창 49:5)라고 기록했다. 그는 친형과 누이가 했던 불평들을 생략할 수 있었지만, 진실하게 그대로 기록했다(민 12:1).

모세는 수많은 기적들을 기록했다. 이러한 기적들이 실제로 일어났는지 묻는 사람들은 모세가 이 기적들을 회중 앞에서 선포했을 때 아무도 반대하지 않았음을 주목해야 한다. 회중이 바로 그 사건들의 목격자였기에 모세는 허위 진술을 할 수 없었다. 그들은 누구도 모세가 언급한 하늘로부터 내려온 만나에 대해, 반석에서 터져 나온 물에 대해, 장막 위에 있던 구름에 대해 그리고 하나님이 산 위에서 말씀하셨을 때 나던 천둥소리에 대해 반박하지 않았다.

이사야서는 유대가 평화로울 때 기록되었다. 그러나 이사야는 예루살렘의 멸망과 포로, 심지어 구원자 고레스에 대해 선포했다. 이는 고레스가 태어나기 100년 전에 기록된 것이다. 예레미야는 심지어 유대 백성이 포로로 잡혀가기도 전에 포로 기간이 70년이 될 것이라고 예언했다.

신약성경의 권위에 대한 몇 가지 증거들

공관복음의 세 저자는 단순하고 꾸밈없는 문체로 사건들을 기록했지만, 그럼에도 불구하고 그리스도의 설교는 우리 모두의 감탄을 자아낸다. 또한 우리는 바울과 베드로의 글을 볼 때 감탄하지 않을 수 없다. 우리는 그들의 글을 통해 사람들이 변화되는 것을 본다. 마태는 세리였고 베드로와 요한은 어부였으며, 바울은 그리스도인들의 공적인 원수로서 기독교를 박해하던 자였다.

하나님은 우리를 위해 주의 기록된 말씀을 수천 년간 보존하셨다. 주님은 자신에 대한 기록된 증거로서 성경을 남겨 두셨다.

제9장
성경을 무시하고 새로운 계시를 구하는 것은 하나님의 뜻에 어긋난다

자신은 성령님의 계시에 이끌린다고 자신 있게 주장하는 자들이 있다. 이들은 "죽어 있는 그리고 죽이는 문자"에 매달리는 사람들을 멸시한다. 하지만 그들이 성령님의 계시를 통한 인도를 받는다고 주장하면서 그 계시는 하나님의 말씀을 기록한 사도들과 선지자들이 받은 계시와 다르다고 생각하는 것은 어리석은 일이다.

바울은 셋째 하늘에 이끌려 올라간 적이 있다. 다른 사람이 그런 경험을 했다면 자신이 특별한 계시를 받았다고 주장했을 것이다. 바울도 그럴 수 있었지만 여전히 그는 성경을 사용했고 디모데에게도 그렇게 하라고 권면했다. 바울은 "모든 성경은 하나님의 감동으로 된 것으로 교훈과 책망과 바르게 함과 의로 교육

하기에 유익하니 이는 하나님의 사람으로 온전하게 하며 모든 선한 일을 행할 능력을 갖추게 하려 함이라"(딤후 3:16-17)라고 말하며 성경을 존중했다.

우리 주님은 성령님을 보내기로 약속하며 말씀하시길, 성령님은 스스로 말씀하지 않으시고 그리스도께서 친히 말씀하신 것을 기억나게 하실 것이라 하셨다. 따라서 약속된 성령님은 새로운 계시나 혹은 들어본 적 없는 계시를 주지 않으실 것이다. 성령님은 우리 마음 안에 그리스도께서 우리에게 주셨던 복음의 교훈을 그대로 확신시키실 것이다.

이를 분명히 하자. 성령님께 유익과 복을 받기 바란다면 부지런히 성경을 읽으며 성경의 음성을 들어야 한다.

만물 위에 계신 성령님을 성경에 복종시키는 것은 모욕이라고 말하는 사람이 있다. 그러나 성령님이 자기 자신에게 한결같으신 것은 결코 불명예가 아니다. 성령님은 성경의 저자이며 변함이 없는 분이시다.

또한 성경을 고수하는 자들을 '죽이는 문자'에 속박된 자들이라 말하는 것은 말장난이다. "율법 조문은 죽이는 것"(고후 3:6)이라는 바울의 말은, 그리스도를 통한 은혜의 새 법을 받아들이지 않고 여전히 율법을 고집하는 자들을 대항하려는 것이었다. 그리스도의 은혜로부터 분리될 때 율법은 죽이는 것이 된다. 하지만 율법이 성령님에 의해 강력하게 마음에 새겨져서 그리스도를 제시할 때는 생명의 말씀이다.

우리가 진정 주님의 말씀을 참으로 귀히 여길 때 성령님의 빛은 우리로 하여금 성경 안에서 하나님을 보게 한다. 우리는 속임을 당할 두려움 없이, 자신이 기록한 말씀과 닮아있는 성령님을 영접한다.

제10장
창조와 성경은 이방 민족의 신들을 부인한다

창조된 세계가 하나님을 증거하며 또한 성경을 통해 하나님이 더욱 분명히 계시된다고 말했다. 이제는 창조의 하나님이 성경의 하나님과 동일한 분이심을 알아보려 한다.

성경에서 우리는 끊임없이 선하신 아버지로 묘사되는 하나님을 본다. 주님은 자신에게 속한 자들에게 사랑과 자비를 베풀며 즐거워하시지만 죄를 범한 자들에게는 엄중함을 보이신다.

모세는 하나님에 대해 우리가 알아야 할 내용을 간략하게 진술했다. "여호와라 여호와라 자비롭고 은혜롭고 노하기를 더디 하고 인자와 진실이 많은 하나님이라 인자를 천대까지 베풀며 악과 과실과 죄를 용서하리라 그러나 벌을 면제하지는 아니하고 아버지의 악행을 자손 삼사 대까지 보응하리라"(출 34:6-7). 두 번에 걸쳐 언급된 '여호와'라는 이름은 그분의 영원하심과 자존하심을 보여 준다.

그 후 모세는 하나님이 우리와 관련해 어떤 분이신지 그 속성을 알려 준다. 그 속성은 만물 가운데 밝게 드러나는 속성과 같은 것으로서, 주님은 은혜롭고 선하고 자비롭고 공의롭고 심판하는 진리이시라는 것이다. 그렇다. 이 모든 하나님의 속성이 만물 가운데 분명하게 드러난다.

그다음으로 우리는 성경이 이방 민족의 신들을 명확히 거절한다는 사실에 주목해야 한다. 우리는 오직 참되신 유일한 한 분 하나님께 인도함을 받는다. 하나님의 이름은 어디서든 잘 알려져 있다. 심지어 수많은 신들을 숭배하는 자들마저 여전히 하나님(god)이라는 이름을 사용한다.

하지만 모든 사람이 죄와 오류에 빠져 있다. 그래서 자연을 통해 얻는 하나님에 대한 그들의 지식은 단지 그들로 하여금 핑계하지 못하도록 하는 역할만 한다. 하박국 선지자는 모든 우상 숭배를 정죄한 직후 거룩한 성전에서 하나님을 찾으라고 말한다(합 2:20). 우리는 말씀 안에서 자신을 계시하신 참된 하나님 외에 다른 신을 받아들여서는 안 된다.

제11장
어떤 종류이든
하나님의 모양이나 형상을 만드는 것은 죄이다

사람이 어떤 모양을 만들어 하나님과 같다고 말한다면, 그것은 거짓말로 하나님의 영광을 더럽히는 것이다. 하나님은 "너를 위하여 새긴 우상을 만들지 말고 또 위로 하늘에 있는 것이나 아래로 땅에 있는 것이나 땅 아래 물 속에 있는 것의 어떤 형상도 만들지 말라"(출 20:4)라고 말씀하셨다. 주님은 눈에 보이는 모양으로 하나님을 나타내려는 모든 시도를 금하셨다.

모세는 "여호와께서 호렙 산 불길 중에서 너희에게 말씀하시던 날에 너희가 어떤 형상도 보지 못하였은즉 너희는 깊이 삼가라 그리하여 스스로 부패하여 자기를 위해 어떤 형상대로든지 우상을 새겨 만들지 말라"(신 4:15-16)라고 말했다. 모세는 오직 하나님의 음성을 들었다고 지적한다. 눈에 보이는 모양은 전혀 없었다. 그러므로 하나님의 모양을 만들려는 자는 누구나 하나님을 모독하는 것이다.

바울은 똑같은 명령을 한다. "이와 같이 하나님의 소생이 되었은즉 하나님을 금이나 은이나 돌에다 사람의 기술과 고안으로 새긴 것들과 같이 여길 것이 아니니라"(행 17:29). 이 명령에서 분명해지는 것은 어떤 우상이나 어떤 그림으로 하나님을 나타내려는 시도는 하나님의 위대한 장엄하심에 지독한 모독이 된다는 사실이다.

하나님이 자신을 상징물로 나타내신 경우도 있지만, 매우 특별한 경우였다. 사실 그 상징물은 그것을 본 자들로 하여금 하나님이 그들의 이해를 넘어서는 분이심을 상기시켜 주었다. 율법이 주어졌을 때 사람들은 구름과 연기와 불꽃을 보았다. 이런 것들은 주님의 영광을 보여 주는 상징으로서 인간에 의해 복사될 수 없는 가장 분명한 상징물이었다. 복음서를 보면, 성령님은 비둘기처럼 나타나셨지만 곧바로 사라지셨다. 이는 하나님이 보이지 않는 분이심을 상기시킨다.

그 자신 역시 하나님이 지으신 피조물에 불과한 인간은 진흙이나 돌, 나무, 심지어 금과 은에 신성을 부여할 수 없다. 이사야는 나무 한 조각을 택해 그것을 하나님이라 부르고 그 곁의 다른 조각은 하나님이 아니라고 말하는 것이 얼마나 어리석은지 말한다. "그는 …… 나무를 심고 비를 맞고 자라게도 하느니라 이 나무는 사람이 땔감을 삼는 것이거늘 그가 그것을 가지고 자기 몸을 덥게도 하고 불을 피워 떡을 굽기도 하고 신상을 만들어 경배하며 우상을 만들고 그 앞에 엎드리기도 하는구나"(사 44:14-15).

하나님은 또한 새긴 우상만큼이나 그림으로 그린 우상을 금하셨다. 주님은 어떤 모양이든 우리가 그분을 만들기를 금하셨다.

어떤 사람은 일반인에게 그림은 책과 같다고 말한다. 물론 글을 읽을 수 없는 사람들도 하나님을 알아야 한다. 사람들은 하나님에 대해 들어야 한다. 그러나 하나님은 분명하게 형상을 금하셨다. 심지어 형상은 교훈을 위해서도 금지되었다. 하박국은 "부어 만든 우상은 거짓 스승"(합 2:18)이라고 묘사했다. 하나님은 친히 교훈의 방법을 알려 주셨다. 읽지 못하는 사람들은 선포되는 주님의 말씀을 들음으로써 배워야 한다.

우리는 철저하게 배워야 한다. 나무나 진흙이나 은이나 금으로 만든 형상은 전혀 필요하지 않다. 우리는 이런 것들 없이도 그리스도께서 우리가 받을 저주를 담당하셔서 십자가에서 우리의 죄책을 짊어지시고 자기 몸을 희생함으로써 우리의 죄를 대속하셨으며 우리 죄를 그분의 피로 씻으시고 우리를 그분의 아버지이신 하나님과 화목하게 하신 사실을 알 수 있다.

어떤 사람은 형상 자체를 숭배하는 게 아니라 형상을 통해 하나님을 경배할 수 있다고 생각한다. 매우 잘못된 생각이다. 심지어 이교도들도 그렇게 주장한다. 그들은 형상이 아닌, 형상이 상징하는 대상을 숭배한다고 말한다. 로마 가톨릭교도들도 똑같은 주장을 한다. 그들은 형상을 '섬길' 뿐 경배하지 않는다고 말한다. 하지만 이는 그들이 우상의 종이 되었다는 뜻이다. 하나님은 인간을 지으실 때 분명 이러한 일을 계획하지 않으셨다.

제12장
예배는 오직 하나님께만 드려져야 한다

거짓과 그릇된 신앙이 퍼질 때마다 기독교는 망가지고 타락했다. 사람들이 참된 한 분 하나님을 믿는 신앙을 붙들지 못하고 올바른 방법으로 주를 예배하지 못할 때 수치스러운 무지가 드러났다. 이에 하나님은 의도적으로 자신은 질투하는 하나님이라고 말씀하셨다. 주님은 그분께만 합당한 영광을 우상에게 바치는 자들을 벌하실 것이다.

주님이 십계명을 주신 이유 중 하나는 사람들이 부패한 예배를 드리지 않게 하기 위해서였다. 만일 우리가 주님이 받으시기에 합당한 모든 예배로 하나님을 존귀하게 여기지 않는다면, 우리는 하나님으로부터 그분의 영광을 빼앗고 그분을 모욕하는 것이다.

미신은 많은 속임수로 우리를 속여 순수한 예배에서 멀어지게 한다. 미신은 참되신 한 분 하나님을 섬기는 척하면서 다른 이상한 신들을 따르도록 미혹한다. 미신은 한 분 하나님께 최고의 자리를 허락하는 척하면서, 그 후에 수많은 작은 신들을 더하더니 그 신들에게 권한과 능력을 부여한다. 이는 하나님의 영광을 쪼개 널리 분산시키는 것이다.

하지만 모든 영광을 받으시기에 합당한 분은 오직 하나님뿐이시다. 그런데 로마 가톨릭교도들은 하나님의 영광을 취해 천사들과 성자들에게 준다. 천사들과 성자들을 숭배하고 찬양하고 그들에게 기도한다. 그들은 심지어 하나님의 영광이 다른 존재에게 주어지고 있다는 사실마저 깨닫지 못한다.

그리스도께서는 이에 대해 "주 너의 하나님께 경배하고 다만 그를 섬기라"(마 4:10)라고 언급하셨다. 이것이 예수 그리스도의 행동 규칙이다. 다른 것을 경배하도록 시험받으셨을 때 주님이 어떻게 하셨는지 우리는 알고 있다.

고넬료의 행동을 생각해 보자(행 10:25). 그는 베드로의 발 앞에 꿇어 엎드려 그를 경배했다. 그는 분명 예배는 하나님께만 드려야 한다는 사실을 충분히 알았다. 비록 그가 베드로를 하나님의 임재의 상징으로 보고 경배한 것은 아니라 해도 그의 행동은 많은 사람들로 하여금 작은 신들과 성자들에게 하는 그런 종류의 경배를 드리게 할 수 있었다. 베드로는 고넬료가 그에게 무릎 꿇는 것을 금했다.

인간은 하나님께만 해당하는 영광을 피조물에게 주어서는 안 된다. 그럴 경우 하나님을 예배하는 것과 피조물을 예배하는 것을 충분히 구별할 수 없게 된다. 아무리 작은 분량이라도 하나님으로부터 그분의 영광을 빼앗는 일이 없도록 하자.

제13장
하나님은 본질에 있어 하나이시며, 이 본질은 세 위격을 포함한다

하나님의 본성

하나님은 무한한 존재이며 영적인 존재라고 성경은 가르친다. 하나님은 자신의 본질에 대해 약간만 언급하실 뿐이다. 이 두 가지 특징은 하나님을 정의하려는 우리의 시도를 거부한다. 하나님의 무한하심은 우리가 하나님을 측량할 수 없음을 깨닫게 한다. 하나님이 영이라는 사실은 우리가 이 땅의 언어로 그분을 묘사할 수 없음을 알게 한다. 우리의 이 땅에 속한 생각으로는 하나님을 헤아릴 수 없다.

성경이 마치 하나님을 입과 귀와 손과 발을 가지신 분처럼 말한다는 이유로, 하나님을 사람처럼 생각하는 사람들이 있다. 하지만 이는 그릇된 생각이다. 성경이 이런 식으로 표현하는 이유는 보이지 않는 하나님을 인간의 생각으로는 달리 묘사할 방법이 없기 때문이다. 하나님은 우리가 그분에 대해 생각하는 것을 돕기 위해 성경 안에서 그러한 표현을 사용하신다. 물론 하나님은 보고 듣고 행동할 수 있으시다. 하지만 하나님은 몸을 갖지 않으신다.

한 분 하나님 안에서 서로 구별되는 세 위격

하나님은 한 분이시지만, 한 분 하나님은 서로 구별되는 세 위격으로 계신다. 하나님의 본질은 하나이며 나뉠 수 없다. 히브리서 1장 3절을 보면, 그리스도께서 아버지의 본성을 그대로 나타내는 형상으로 묘사된다. 그러나 이 말씀은 하나님의 본질에 대해 말하는 것이 아니다. 하나님의 본질은 오직 단 하나이다. 그러나 그 본질은 그리스도께 존재를 주는데 그 존재로 그리스도께서는 아버지와 구별되신다. 아들은 "아버지의 영광의 광채"이시다. 아버지의 성품은 아들을 통해 밝게 빛난다. 그러므로 광채가 밝게 빛나도록 아들이 구별된 위격을 가지신다는 결론을 내릴 수 있다. 성령님에 대해서도 마찬가지이다. 성령님은 다른 위격을 지니심으로 아버지와 구별된다. 따라서 우리는 사도들이 가르친 것처럼 신격 안에는 세 위격이 있다고 믿는다.

피해야 할 오류들

어떤 교사들은 그리스도께서 하나님이셨고 하나님의 아들이셨지만, 피조물이셨다고 주장한다. 하지만 이 주장은 그리스도께서 아버지와 한 본질 안에서 하나이시라면 불가능하다. 그리스도께는 시작이 있을 수 없다. 이러한 이유 때문에 우리는 분명하게 하나님의 본질은 하나라고 말한다.

어떤 사람들은 아버지와 아들과 성령은 신성의 서로 다른 속성을 의미한다고 말한다. 즉, 지혜와 능력과 공의와 같은 그러한 하나님의 여러 다른 속성들과 비슷한 속성이라는 것이다. 이 견해는 아버지와 아들과 성령을 구별하지 못한다. 진리를 지키는 자들은 하나의 신격 안에 세 위격이 있다는 분명한 진술로 이 견해를 반박해 왔다.

또 다른 그릇된 가르침은, 그리스도는 하나님이 세상을 창조하신 그 순간부터 존재했다고 말한다. 그러나 사도 야고보는 하나님은 변함이 없으시다고 말한다. 우리는 결코 그리스도께서 창조 때에서야 존재하기 시작하셨다고 생각해서는 안 된다. 그리스도께서는 시간이 시작되기 전 하나님으로부터 나서 영원토록 그분과 함께 계신다. 그리스도는 자신 안에서 영원하시며 자존하시고 신격을 지니신다.

'위격'의 의미

'위격'이라는 단어는 하나님의 본질 안에서 실재를 갖는 존재를 뜻한다. 각 위격은 서로 구별되며, 각 위격을 특징짓는 사역과 특성이 있다. '실재'(subsistence)라는 단어는 하나님의 순수한 '본질'(essence) 또는 '실체'(being)와는 다른 무엇을 가리킨다. 만일 그리스도께서 단지 하나님이시고 스스로 구별되는 것이 아무것도 없다면, 요한은 "이 말씀이 하나님과 함께 계셨으니"라고 올바르게 말할 수 없었을 것이다. 요한은 곧이어 "이 말씀은 곧 하나님이시니라"라고 말함으로써 우리에게 신성의 본질이 단일함을 상기시킨다.

우리는 하나님에 대해 말할 때, 아버지에 대해 말할 때처럼 아들과 성령님에 대해서도 참되게 말해야 한다. 성경이 아버지와 아들을 구별해 언급할 때("아버지는 아들을 사랑하신다." 또는 "아버지가 아들을 보내셨다.") 신성한 각 위격은 다른 위격과 구별되신다. 아들이 행하신 일은 아버지 또는 성령님께 돌려질 수 없다. 우리는 아버지가 사람이 되어 고통당하셨다고 말할 수 없으며, 또는 성령님이 "이는 내 사랑하는 아들이라."라고 말씀하셨다고 말할 수 없다.

성경에서 확인되는 아들의 신성에 대한 증거들

'하나님의 말씀'이라는 성경의 표현은 단지 어떤 음성이나 심지어는 예언을 의미하는 것이 아니다. '하나님의 말씀'은 하나님과 함께하는 영원한 지혜이다. 베드로전서 1장 11절은 구약을 기록한 선지자들에 대해 그들은 "자기 속에 계신 그리스도의 영이 그 받으실 고난과 후에 받으실 영광을 미리 증언하여 누구를 또는 어떠한 때를 지시하시는지 상고하니라"라고 말한다.

그들이 그러한 예언을 한 당시 그리스도께서는 이 세상에 아직 나타나지 않으셨다. 그러므로 그 진술은 그리스도를 아버지와 항상 함께 계신 영원한 말씀으로 간주하는 것이 틀림없다. 선지자들을 통해 말씀하신 영이 그리스도의 영이셨음을 알 때 우리는 그리스도께서 하나님이심을 분명히 알게 된다.

사도들은 아들이 이 세상을 지으시고 그분의 능력의 말씀으로 만물을 붙드신다고 가르친다(히 1:2-3). 그리스도께서는 "내 아버지께서 이제까지 일하시니 나도 일한다"(요 5:17)라고 말씀하셨다. 요한복음의 시작 부분을 보면, 이 가르침은 더욱 분명해진다. 처음부터 하나님이셨고 또한 하나님과 함께 계신 그 말씀은 만물의 기원이신 아버지와 함께하신다. 즉, 그 말씀은 영원하며 구별된 위격이요, 모든 창조물의 매개체이시다. 하나님으로부터 나오는 모든 계시가 그분의 말씀이지만, 그 말씀이 곧 하나님이시기에 최고의 존귀는 하나님 자신에 대한 가장 큰 계시인 그 '말씀'께 주어져야 한다.

구약성경을 보면 그리스도의 신성을 증거하는 말씀들이 있다. 시편 45편 6절은 그리스도이신 메시아에 대해 "하나님이여 주의 보좌는 영원하며"라고 말한다. 이사야서 9장 6절은 그리스도를 "전능하신 하나님이라, 영존하시는 아버지라, 평강의 왕이라"라고 말한다. 이사야는 또한 그리스도를 "임마누엘", 곧 우리와 함께 계시는 하나님이라고 부른다. 예레미야는 약속된 다윗의 아들에 대해 예언하며 "그의 이름은 여호와 우리의 공의라 일컬음을 받으리라"(렘 23:6)라고 말한다. 그렇다. 하나님을 나타내는 위대한 이름들은 아버지에게뿐만 아니라 아들에게도 속하는 것이 합당하다.

신약성경에는 그리스도의 신성에 대한 증거들이 대단히 많다. 그중 몇 가지는 다음과 같다. 신약은 하나님의 사역에 대한 구약의 예언들이 그리스도 안에서 성취되었다고 본다. 사도 바울에 따르면, 주님이 유다에게 걸림돌이 될 것이라는 이사야의 예언은(사 8:14) 그리스도 안에서 성취되었다(롬 9:33). 바울은 또한 "우리가 다 하나님의 심판대 앞에 서리라 기록되었으되 주께서 이르시되 내가 살았노니 모든 무릎이 내게 꿇을 것이요 모든 혀가 하나님께 자백하리라 하였느니라"(롬 14:10-11)라고 말한다. 그러므로 여기서 또다시 우리는 그리스도께서 예언의 성취이심을 알게 된다.

이 사실은 심지어 히브리인에게 쓰인 히브리서에서 더욱 분명해진다. 히브리서 저자는 하나님께만 해당하는 영광을 그리스도께도 돌린다. "주여 태초에 주께서 땅의 기초를 두셨으며 하늘도 주의 손으로 지으신 바라"(히 1:10). 그렇다. 신약은 분명하게 그리스도께서 하나님이셨다고 증거한다. 도마는 그리스도를 향해 "나의 주님이시요 나의 하나님이시니이다"(요 20:28)라고 올바르게 큰 소리로 고백했다.

그리스도께서 행하신 일들은 그분이 하나님이시라는 사실을 더욱 분명히 증거한다. 심지어 주님이 하신 말씀을 늘 부정했던 바리새인들조차도 그분이 "내 아버지께서 이제까지 일하시니 나도 일한다"(요 5:17)라고 말씀하셨을 때 그 의미를 스스로 하나님이라고 주장하신 것으로 인식했다. 그들은 그리스도께서 "하나님을 자기의 친 아버지라 하여 자기를 하나님과 동등으로" 삼으셨기 때문에 그를 죽이려 했다.

그리스도께서 행하신 기적들은 그분 자신의 이름으로 행해졌는데, 오직 하나님만이 이렇게 하실 수 있다. 사실 그리스도께서는 나병 환자를 고치고 마귀들을 내쫓는 그런 기적을 행할 권세를 자기 자신의 권위로 다른 사람에게 줄 수 있으셨다(마 10:8; 막 3:15). 베드로는 "나사렛 예수 그리스도의 이름으로 일어나 걸으라"(행 3:6)라고 말했다.

성경에서 확인되는 성령님의 신성에 대한 증거들

모세는 창세기를 시작하면서 창조 때에 성령님이 깊음의 수면 위에서 운행하셨다고 분명히 말한다. 성령님은 심지어 태초에 세상이 혼돈 가운데 있을 때 선한 목적으로 그분의 능력을 사용하셨다. 이사야서 48장 16절을 보면, 의심조차 할 수 없는 증거가 나온다. 곧 아버지는 단지 성령님을 통해 일하시는 것이 아니다. 아버지와 성령님이 함께 일하신다. "이제는 주 여호와께서 나와 그의 영을 보내셨느니라."

성령님은 최고의 권위를 지니신다. 그분의 능력은 빌려 온 것이 아니다. 그분은 중생과 불멸의 창시자이시다. 하나님은 그 어떤 피조물과도 상담하지 않으시는데, 성령님은 "하나님의 깊은 것까지도 통달하신다"(고전 2:10).

성령님은 믿음으로 우리를 의롭다 칭하신다. 그분으로부터 능력과 진리와 거룩함과 은혜와 모든 복이 흘러나온다. 바울은 성령님이 권위와 뜻을 가지신다는 사실을 분명하게 언급한다. 성령님은 신격 내의 한 위격으로서 완전한 하나님이시기에 이러한 권위와 뜻을 가지신다. 바울은 "이 모든 일은 같은 한 성령이 행하사 그의 뜻대로 각 사람에게 나누어 주시는 것이니라"(고전 12:11)라고 말한다.

성경은 성령님을 하나님으로 부르는 데 조금도 주저함이 없다. 바울은 성령님이 우리 안에 거하심을 알고는 우리는 '하나님'의 성전이라고 말했다. 사실 하나님은 여러 차례 우리를 택하여 그분의 성전으로 삼겠다고 약속하셨다. 그런데 그 약속의 성취는 하나님의 영이 우리 안에 거하신다는 이 사실에서 완벽하게 성취되었다. 베드로는 성령님을 속인 아나니아를 책망할 때 "(네가) 사람에게 거짓말한 것이 아니요 하나님께로다"(행 5:3-4)라고 더한다.

하나님의 단일성

오직 한 분 하나님이 계시다. 바울은 에베소서 4장 5-6절에서 "주도 한 분이시요 믿음도 하나요 세례도 하나요 하나님도 한 분이시니 곧 만유의 아버지시라 만유 위에 계시고 만유를 통일하시고 만유 가운데 계시도다"라고 말한다. 우리는 믿음으로 세례를 받아 참되신 한 분 하나님께 속하게 된다. 하지만 동시에 아버지와 아들과 성령의 이름으로 세례를 받아야 한다고 그리스도께서는 명하셨다. 이 한 분 하나님은 가장 분명하게 아버지와 아들과 성령으로 자신을 계시하셨다.

삼위일체 내의 구별

여기에 큰 비밀이 있다. 우리는 이 위대한 진리를 경외하는 마음으로 받아야 한다. 나지안주스의 그레고리우스(주후 329-390)는 "한 분 하나님을 생각하면 곧바로 세 분의 영광에 둘러싸이고, 세 분을 구별해 생각하면, 어느새 한 분이 되신다."라고 말했다. 우리는 신격을 생각할 때 오직 한 분 하나님만으로 보아서도 안

되고 또한 오직 세 분 하나님으로 보아서도 안 된다.

성부와 성자와 성령이라는 단어는 단지 이름이 아니다. 그 이름은 진정한 구별을 나타낸다. 하지만 그 구별은 구분이 없는 구별이다. 만일 아들이 아버지와 똑같은 위격의 존재이시라면 아들이 '하나님과 함께' 계셨다고 말하거나 "아버지와 함께 영광을 누리셨다."라고 말하기란 불가능하다. 아버지는 이 세상에 오지 않으셨으나 아들은 오셨다. 십자가에서 죽으시고 다시 살아나신 분은 아들이셨다. 아버지와 아들의 구별은 아들이 사람이 되셨을 때 시작된 것이 아니다. 독생하신 아들은 영원 전부터 아버지 품에 계셨고 아버지와 함께 자기 자신의 영광을 가지고 계셨다. 또한 아버지와 성령 사이에도 뚜렷한 구별이 있다. 성경은 성령님이 아버지께로부터 나오신다고 말한다(요 15:16 참조). 성령님은 그리스도와 같은 분이 아니시다. 그리스도는 그분을 '또 다른' 보혜사라고 부르셨다. "내가 아버지께 구하겠으니 그가 또 다른 보혜사를 너희에게 주사"(요 14:16).

위격들 사이에는 역할의 구분이 있다. 아버지는 일을 시작하시며 만물의 원천이시다. 아들은 지혜와 계획과 경륜을 가지고 모든 만물을 다스리신다. 성령님은 이 세상에서 활동하는 힘을 갖고 계신다. 하지만 각 위격의 구분된 역할을 지나치게 강조해서도 안 된다.

아버지가 영원하시듯이 또한 아들과 성령도 영원하시다. 이 세 분 사이에는 우열이 없지만, 우리는 순서를 가지고 위격들을 말한다. 우리가 그렇게 하는 것은 옳다. 아버지가 가장 먼저 언급되며, 아들은 아버지로부터 나오신다. 성령은 아버지와 아들로부터 나오신다. 우리는 성령이 아버지와 아들로부터 나오시는 것을 로마서 8장에서 알 수 있다. 거기서 바울은 같은 성령을 처음에는 영으로, 그다음은 그리스도의 영으로, 그다음은 그리스도를 죽은 자들로부터 일으키신 이의 영으로 부른다.

이 교리는 이해하기 어렵지만 우리의 믿음을 강화시킬 수 있다. 아버지와 아들의 하나 됨은 두 위격이 한 영을 가지심으로 더욱 분명해진다. 이때 '영'은 아버지와 아들과 다를 수가 없다. 삼위일체의 각 위격은 각각 구별되는 인격(personality)을 지니시지만, 각 위격은 또한 완전한 하나님이시다. 따라서 그리스도는 "내가 아버지 안에 거하고 아버지께서 내 안에 계신다"(요 14:11)라고 말씀할 수 있으셨다.

그렇다면 우리의 믿음이 서 있는 이 바탕을 확신하자. 우리는 한 분 하나님을 믿는다. 여기서 한 분 하나님이란, 세 위격이 거하시지만 서로 나뉘지 않으시는 단일한 존재를 의미한다. 우리가 하나님이라는 이름을 특정하지 않고 부를 때는 아들과 성령을 포함한다. 하지만 위격들 안에는 정해진 질서가 있기에 우리가 아버지와 비교해 아들과 성령을 말할 때 종종 하나님의 이름은 성부 하나님을 의미한다. 우리는 하나님의 단일성을 믿으며, 신격 내 위격들의 질서를 믿는다. 우리는 아들과 성령님의 신격을 손상시키지 않는다.

제14장
그 어떤 피조물에게도 하나님께만 합당한 영광을 돌려서는 안 된다

창조에 대한 성경의 기사는 교회에서 다른 신을 찾지 말라고 가르친다. 우리는 하나님이 만드신 천사들과 마귀들과 이 땅의 피조물을 숭배해서는 안 된다. 하나님은 자신이 만드신 모든 것보다 크시다.

천사들

천사는 하나님이 지으신 가장 영광스러운 피조물 가운데 속한다. 하지만 그들은 신성한 존재가 아니다. 하나님은 우리에게 천사에 대한 정보를 많이 주지 않는 편이 적합하다고 보신 것 같다. 우리는 이 사실을 받아들이자. 우리는 그들이 언제 지음을 받았는지 알지 못한다. 우리가 아는 것은 단지 그들에 관한 모세의 글이다. "천지와 만물이 다 이루어지니라"(창 2:1). 우리는 얼마나 많은 천사들이 있는지 알지 못한다. 하지만 엘리사의 말처럼 "우리와 함께 한 자가 많다"(왕하 6:16).

우리가 성경에서 알 수 있는 것은 천사들은 하나님의 피조물로서 주의 종이라는 사실이다. 그들은 하나님께 순종하며 그분의 명령을 수행한다. 이것이 '천사', 곧 전달자라는 뜻이다. 만군 또는 천군 천사로 불리는 그들은, 그들의 왕을 둘러서서 주의 엄위를 드러내며 주의 명령에 순종할 준비를 갖추고 있다.

우리는 천사들이 하나님의 선물을 우리에게 전하기 위해 존재한다는 사실을 알고 위안을 받는다. 그들은 우리의 안전을 지켜주며 우리를 보호하고 우리를 인도하며 모든 해(害)로부터 우리를 방어한다. 어쩌면 한 천사가 각 신자를 돌볼지도 모르겠다. 가장 분명한 사실은 모든 천사가 우리의 안전을 염려하고 있다. 그들은 하늘에서 죄인 한 사람이 회개하면 회개가 필요 없는 아흔아홉의 의인으로 말미암아 기뻐하는 것보다 더 기뻐한다.

주 하나님은 자신의 영광을 천사들과 함께 나누지 않으신다. 주님은 우리가 조금이라도 그들을 신뢰하는 일이 없도록 우리에게 그들의 도움을 제시하지 않으신다. 천사들은 하나님의 종들이다. 그들의 일은 하나님의 능력과 선하심을 우리에게 전달하는 것이다.

마귀들

우리는 마귀들도 하나님이 지으셨다는 사실을 알아야 한다. 그들은 하나님을 떠나서는 존재할 수 없다. 하나님만이 오직 스스로 존재하는 유일한 분이시다. 모든 생명은 그분으로부터 나온다. 마귀들의 사악함은 하나님이 그들에게 주셨던 본성에서 나오는 것이 아니라 죄로 인해 부패된 그들의 본성에서 나온다.

성경은 마귀들의 공격에 대해 우리에게 경고한다. 그들의 대장인 사탄은 무장을 한 강한 자, 공중의 권세 잡은 왕 또는 우는 사자로 묘사된다. 이 모든 호칭은 우리가 더욱 깨어 있도록 하고 싸울 준비를 갖추게 한다.

베드로는 이를 분명히 말한다. 그는 사탄을 두루 다니며 삼킬 자를 찾는 사자로 묘사하면서 "믿음을 굳건하게 하여 그를 대적하라"(벧전 5:8-9)라고 당부한다. 바울은 우리에게 위험하면서도 오래갈 전투를 위해 무장하라고 말한다. 왜냐하면 "우리의 씨름은 혈과 육을 상대하는 것이 아니요 통치자들과 권세들과 이 어둠의 세상 주관자들과 하늘에 있는 악의 영들을 상대하기"(엡 6:12) 때문이다. 우리는 게으르거나 두려워해서는 안 되며, 도리어 강하고 담대하고 부지런한 가운데 끝까지 인내해야 한다. 우리는 자기 자신의 약점을 의식하면서 하나님의 도우심을 구해야 한다. 우리에게 필요한 전신갑주와 힘과 지혜를 구해야 한다.

마귀는 우리의 원수일 뿐만 아니라 하나님의 원수이다. 우리는 하나님의 영광을 위해 싸워야 한다. 만일 우리가 하나님의 나라를 확장하기 원한다면 우리는 악한 영들과 끊임없이 전투해야 한다. 그들은 주님의 나라를 정복하려 노력하며 또한 할 수만 있다면 우리를 영원히 파멸시킬 계획을 가지고 있다. 우리는 그러한 원수와는 휴전을 할 수 없다. 마귀는 사람들의 생각에 진리 대신 오류를 심으며, 미움을 일으키고 분리와 싸움을 만들어 낸다. 그는 본성상 악하며 타락한 존재이다.

마귀의 사악함은 전적으로 자신의 선택에 기인한 것이다. 그리스도께서는 마귀가 "거짓을 말할 때마다 제 것으로 말하나니 이는 그가 거짓말쟁이요 거짓의 아비가 되었음이라"(요 8:44)라고 말씀하셨다. 그리스도께서는 또한 마귀는 진리 안에 거할 수 없다고 말씀하셨다. 이로 보건대, 그는 한때 진리를 알았지만 진리를 거절한 것이 틀림없다.

마귀는 하나님을 대항해 싸우지만 결코 하나님의 허락 없이는 싸울 수 없다. 우리는 욥기를 통해 사탄은 하나님의 허락 없이는 악한 계획을 실행할 수 없음을 알게 된다. 뿐만 아니라 데살로니가후서 2장 9-12절을 통해서는 믿지 않는 자들은 사탄의 역사에 대해서만이 아니라 하나님의 심판에 대해서도 눈이 먼 자들임을 알게 된다.

하나님은 마귀들(또는 더러운 영들)을 주님의 뜻에 따라 철저하게 다스리시지만, 때때로 그들이 신자들을 시험하는 것을 허락하신다. 신자들은 심지어 이런 악한 영들로 인한 시련을 통해 더욱 정결하게 된다. 이러한 영들은 여러 문제들과 덫과 악한 공격으로 우리를 괴롭게 할 수는 있어도 결코 신자들을 무너뜨릴 수 없다. 하나님이 그들이 그렇게 하는 것을 허락하지 않으신다. 바울도 이러한 갈등을 겪었다. 그는 "여러 계시를 받은 것이 지극히 크므로 너무 자만하지 않게 하시려고 내 육체에 가시 곧 사탄의 사자를 주셨으니 이는 나를 쳐서 너무 자만하지 않게 하려 하심이라"(고후 12:7)라고 기록했다.

마귀는 그릇된 행동을 하게 하는 우리 안에 있는 악한 정욕일 뿐이라고 주장하는 어리석은 사상이 있다. 성경은 이러한 사상을 분명하게 거부한다. 성경은 마귀들이 "더러운 영들"이며 그들의 지위와 처소를 떠난 타락한 천사들이라고 말한다(유 1:6). 그러므로 우리는 마귀들이 단지 인간의 마음속에 있는 어떤 생각이 아니라 자신의 생각과 이해를 지닌 실제로 존재하는 것임을 알아야 한다. 우리는 성경 안에서 하나님의 자녀들과 마귀의 자녀들이 비교되는 것을 볼 수 있는데, 만일 마귀의 자녀들이 단지 악한 생각일 뿐이라면 그러한 비교는 아무 의미가 없을 것이다. 또한 우리는 마귀들이 영원한 저주를 받아 불못에 떨어지게 될 것을 성경을 통해 알고 있다. 그렇다면 마귀가 단지 악한 생각일 뿐이라는 사상은 분명히 참일 수 없다.

물리적인 세계

우리는 하나님이 우리에게 주신 이 세상의 아름다움을 보면서 즐거워한다. 믿음을 가진 자들에게 나타나는 첫 번째 표시 중 하나는 우리 주변의 모든 것들이 하나님의 작품이라는 사실을 깨닫고 왜 주께서 만물을 지으셨는지 궁금해하는 것이다. 창조 기사를 공부하면 우리의 믿음이 깊어질 것이다.

우리는 하나님이 아무것도 없는 상태에서 말씀의 능력과 성령으로 하늘과 땅을 지으셨다는 사실을 안다. 주님은 하늘과 땅으로부터 무생물과 생물 모두를 만드셨다. 주님은 각 물체에 각각의 특성과 기능과 위치를 주셨다. 모든 생물은 부패할 수밖에 없기에 하나님은 모든 종류의 생물에게 번식할 능력을 주셔서 그 종류들이 보존되도록 하셨다. 그 후 마침내 주님은 인간을 만드셨다. 주님은 인간에게 아름다운 모양과 큰 재능을 주심으로 다른 피조물들과 구별하셨다. 주님은 그분이 만드신 만물 가운데 사람이 가장 놀라운 피조물임을 나타내셨다.

이 책은 하나님의 위대한 일들을 길게 논하는 곳이 아니다. 온 우주 가운데 나타나는 그분의 지혜와 능력과 의와 선하심은 우리의 이해를 훨씬 초월하기에 이를 충분히 표현할 수 있는 장엄한 언어나 문제가 없다. 하지만 이 말이 위대한 주의 일들을 헤아리지 않아도 된다는 뜻은 아니다. 우주의 아름다움은 하나님의 선함과 지혜와 능력을 보여 주는 거울이다. 우리가 창조를 생각할 때 하나님의 위대하심에 대한 우리의 인식은 경이로움과 함께 더욱 깊어질 것이다.

그렇다면 우선 웅장한 별들을 제자리에 두시고는 어떤 별들은 한 곳에 고정하시고 다른 별들은 정해진 길에 따라 움직이게 하시는 건축가의 위대함에 경탄하자. 그분이 별들의 움직임을 다스리심으로 사람들은 낮과 밤과 달과 연수와 나이를 측정하게 되었다. 주님은 심지어 낮의 길이를 다양하게 하시면서도 전혀 혼란이 없게 하신다. 크든 작든 만물을 지으신 하나님의 지혜와 선하심을 보여 주는 예들은 얼마든지 있다.

그리고 이러한 창조가 어떻게 우리에게 영향을 미치는지 살펴보자. 하나님이 우리를 위해 모든 만물을 설계하셨음을 믿음으로 알게 되면, 우리는 확신과 기도와 찬양과 사랑으로 하나님을 의지하는 법을 배울 것이다. 하나님은 한순간에 온 세상을 지으실 수 있었지만, 6일에 걸쳐 지으셨다. 이는 주께서 인간에게 필요한 모든 것을 미리 준비하심을 보여 주는 배려와 사랑의 표시이다. 우리는 배은망덕하게 그토록 배려가 많으신 아버지의 계속적인 돌보심을 의심해서는 안 된다. 그분은 우리가 태어나기도 전에 우리를 향한 배려를 보여 주신 분이시다. 이미 우리에게 그 많은 복을 부어 주신 주님이 우리가 곤경에 처할 때 우리를 저버릴 수 있다고 생각하는 것은 참으로 죄가 될 것이다.

하나님을 하늘과 땅을 지으신 창조주로 생각할 때마다 또한 그분은 지으신 모든 것을 다스리시며 우리는 그분의 자녀라는 사실을 기억하도록 하자. 주님은 우리를 기르시며 보호하신다고 보장하셨다. 우리는 확신을 가지고 그분에게서 모든 선한 것을 기대할 수 있다. 주님은 우리에게 모든 좋은 것을 주신다. 그러므로 우리는 오직 그분에게만 무엇이든 구해야 하며 항상 그분께 감사해야 한다. 그러면 우리의 마음이 주님을 향하게 될 것이며, 우리의 모든 존재로 주를 사랑하고 경배하게 될 것이다.

제15장
인류의 창조

하나님이 지으신 모든 것들 중에 사람은 그분의 공의와 지혜와 선하심을 보여 주는 최고의 본이다. 이미 언급했듯 우리는 우리 자신에 대해 바른 지식이 없이는 하나님을 결코 분명하게 알 수 없다. 인간에 대한 지식은 두 가지를 포함하는데, 하나는 우리가 원래 어떻게 지음을 받았는지 아는 것이고, 다른 하나는 죄가 들어온 이후의 우리의 상태를 아는 것이다(창 3장).

여기서 다룰 부분은 인간의 원래 상태이다. 우리는 사람이 죄로 타락하기 전에 어떠했는지 알아야 한다. 그래야 우리의 죄에 대해 우리의 창조주를 탓하지 않을 것이다. 우리의 잘못은 하나님께로부터 온 것이 아니다. 또한 우리는 죄를 '본성'(nature)이라 탓할 수 없다. 이 말은 하나님이 사람을 지으실 때 일종의 악이 들어갔다는 의미가 되므로 하나님께 모독이 된다.

이 주제에는 두 가지 변함없는 사실이 있는데, 우리는 그 둘 중 어떤 것도 부인할 수 없다. 하나는 죄인은 그 어떤 핑계도 할 수 없다는 사실이며, 다른 하나는 하나님의 공의는 언제나 순수하며 옳다는 사실이다.

사람은 몸과 영혼으로 만들어졌다. 영혼은 보다 고상한 부분으로 몸 안에 거하지만 불멸한다. 그러므로 몸이 죽을지라도 영혼은 산다. '혼'(Soul)과 '영'(spirit)은 종종 서로 교환이 가능한 용어인데, 따로 사용될 때는 나름대로 각각 특별한 의미를 지닌다.

사회가 물질적인 것에 더욱 관심이 깊어가면서 사람들은 자신이 영혼을 가졌다는 사실을 망각한다. 그들은 자신이 죽음 이후에도 존재한다는 사실을 모르거나 무시한다. 하지만 그들은 자신의 불멸을 전혀 느끼지 못한 채 살 수는 없다.

각 사람은 하나님의 도덕법에 반응하는 양심을 가지고 있으며, 그것으로 선과 악의 차이를 알 수 있다. 양심은 단순히 선과 악에 대한 정신적인 인식이 아니다. 물리적인 두뇌와 의지는 우리가 죽을 때 사라질 것이기에, 그것들은 하나님의 심판을 두려워할 필요가 없다. 하지만 우리는 잘못을 했을 때 심판과 형벌에 대한 두려움을 느낀다. 양심은 불멸하는 영혼의 한 부분이다. 우리의 영혼은 우리의 일부로서 사후에 있을 심판과 형벌 때문에 이생에서 잘못 행한 것들에 대해 두려워한다.

우리가 영혼을 가진다는 보다 구체적인 증거는 인간의 지각의 뛰어남이다. 우리의 이해력은 동물의 이해력보다 훨씬 크다. 우리는 하늘과 땅을 생각할 수 있고, 과거를 생각하며 미래를 바라볼 수 있다. 또한 보이지 않는 하나님에 대해서도 생각한다. 이로 보건대, 하나님이 인간을 지으실 때 사람 안에 육체적인 몸보다 훨씬 중요한 무엇을 포함시키신 것이 분명하다.

성경은 영혼이 몸과 구별된 존재라는 사실을 분명하게 한다. 성경은 우리가 진흙으로 지은 집에 거하다가, 죽음을 맞이할 때 부패한 육체를 벗어던지고, 마지막 날에 몸으로 행한 것들에 대한 보상을 받게 될 것이라고 가르친다. 이러한 구절들과 다른 많은 성경 구절에서 우리는 영혼이 몸과 구별되며 심지어 사람의 주된 부분임을 알 수 있다.

성경을 더 많이 살펴볼수록 이 가르침은 더욱 분명해진다. 바울은 "육과 영의 온갖 더러운 것에서 자신을 깨끗하게 하자"(고후 7:1)라고 요구하는데, 이는 죄악이 우리의 두 부분을 더럽혔음을 보여 준다. 베드로는 그리스도께서 "너희 영혼의 목자와 감독되신 이"(벧전 2:25)라고 말한다. 이 말은 만일 그리스도께서 돌보실 영혼이 전혀 없다면 터무니없는 말이 된다. 또한 사람이 영혼을 가지지 않는다면 주님이 영혼의 영원한 구원에 대해 주신 계시는 터무니없는 것이 된다.

그리스도께서는, 우리 몸을 죽이시며 또한 죽음 이후에 그 영혼을 지옥에 던지시는 권세를 지닌 하나님을 두려워해야 한다고 말씀하셨다. 이는 우리가 영혼을 가진다는 사실을 분명히 하신 것이다. 또한 그리스도께서는 아브라함의 품에서 안식하는 나사로의 영혼과 지옥에서 고통당하는 부자의 영혼에 대한 이야기를 하시면서 몸으로부터 따로 떨어져 존재하는 영혼에 대해 말씀하신다(눅 16:19-31). 이 진리는 바울에 의해 확증된다. 바울은 우리가 몸으로 있을 때는 주와 따로 있지만, 몸을 떠나면 주와 함께 있게 된다고 말한다(고후 5:6).

사람이 하나님의 형상으로 지어진 사실을 생각한다면 우리가 영혼을 가진 사실을 훨씬 더 확고히 믿게 될 것이다. 하나님의 영광은 우리의 육체적인 몸을 통해 어느 정도 드러난다. 우리는 사람을 보면서 종종 부인할 수 없는 은혜로운 모양을 본다. 그 아름다움은 동물의 모양보다 훨씬 뛰어나다. 하지만 우리는 영혼 안에 하나님의 형상을 갖고 있다. 아담은 올바른 이해력과, 건전한 이성의 활동에 다스림을 받는 감정과, 완벽하고 질서 정연한 통제하에 있는 감각을 가지고 있었다.

인류는 아담이 죄를 범한 이후 영혼 안에 있던 하나님의 형상을 크게 잃었다. 둘째 아담이신 그리스도께서는 자신의 형상을 우리 안에 회복시킬 수 있으시다. 바울은 "새 사람을 입었으니 이는 자기를 창조하신 이의 형상을 따라 지식에까지 새롭게 하심을 입은 자"(골 3:10)에게 편지를 했다. 여기서 우리는 새롭게 된 자들의 특징을 찾을 수 있다. 첫째는 지식이고, 둘째는 의(義) 또는 참된 거룩이다. 우리는 아담의 타락으로 생각과 올바른 마음과 모든 기능을 온전하게 할 수 있는 지식의 빛을 잃었다.

우리는 고린도후서 3장 18절에서 신자들은 하나님의 형상으로 변화될 필요가 있음을 알게 된다. "우리가 다 수건을 벗은 얼굴로 거울을 보는 것 같이 주의 영광을 보매 그와 같은 형상으로 변화하여 영광에서 영광에 이르니." 우리는 하나님의 완전한 형상이신 그리스도의 모양으로 변해가야 한다. 그분의 형상은 참된 거룩과 청결함과 이해이다. 우리 안에 있는 그분의 형상은 우리가 천국에 들어갈 때 충만한 영광에 이를 것이다.

영혼은 몸의 모든 부분에 생기를 불어넣으며 우리의 삶을 이끈다. 많은 철학자들이 인간은 이성의 통제를 받으며 오직 이성만이 그들을 올바른 행동으로 이끈다고 생각했다. 그들은 인간의 본성이 타락으로 인해 부패한 사실을 고려하지 못했다. 그들은 서로 완전히 다른 두 상태에 대해 혼동했다. 즉, 하나님이 사람을 지으셨을 때의 상태와 사람이 죄로 인해 타락한 이후의 상태를 혼동했다.

사람의 영혼은 두 부분을 가지는데 곧 이해와 의지이다. 이해의 활동은 선과 악의 차이를 알려 주는 것이다. 의지의 활동은 둘 사이에서 택하는 것이다.

하나님은 사람을 지으실 때 자유로운 의지를 주셨다. 아담은 뜻하기만 했다면 유혹을 거절할 능력이 있었다. 아담은 자기 자신의 의지로 타락했다. 아담이 지음을 받은 원래 상태에서는 그 이해력과 의지가 완벽했다. 그의 다른 모든 부분은 그의 의지에 복종했다. 그는 선 또는 악을 택하는 데 있어서 자유로웠다. 하지만 그는 악을 택했고, 그 결과 스스로 망했으며 그의 모든 기능은 부패하고 말았다. 그 이후로 인간은 이성에 의해 철저하게 통제되지 못한다.

철학자들은 사람이 선과 악 사이에서 자유롭게 선택할 수 없다면 이성적인 피조물이 아니라고 생각했는데, 이는 맞는 생각이다. 그런데 그들은 사람이 자기 의지로 삶을 주관하지 못한다면, 선을 택함으로써 선을 행하거나 악을 택함으로써 악을 행하는 일이 있을 수 없다고 보았는데, 이는 일부 틀린 생각이다. 우리는 인간의 본성이 부패했다는 사실을 고려해야 한다. 인간은 이제 자유의지를 가지고 있지 않다. 우리의 의지는 죄에 속박되어 있다.

제16장
하나님은 그가 지으신 만물을 계속 다스리신다

하나님은 단지 우주를 창조하시고 그것이 저절로 운행되도록 내버려 두지 않으셨다. 이것이 그리스도인과 불신자 사이의 주된 차이점이다. 우리는 세상이 지어질 때 하나님이 일하셨듯 세상이 계속 진행되는 데 있어서도 하나님이 일하시는 것을 안다. 많은 사람들이 주께서 지으신 만물을 보며 창조주 하나님이 있다고 확신한다. 하지만 주님이 계속적으로 일하시는 것을 볼 수 있으려면 마음속에 믿음이 있어야 한다. "믿음으로 모든 세계가 하나님의 말씀으로 지어진 줄을 우리가 아나니"(히 11:3).

우리는 현재 세상에서의 하나님의 섭리 또는 돌보심을 계속 믿어야 한다. 우리는 하나님이 만물을 지으신 창조주라는 것을 알아야 할 뿐 아니라 또한 그분은 통치자와 보존자로서 가장 작은 참새 한 마리까지 모든 피조물을 돌보시며 소중히 여기신다는 사실을 알아야 한다.

우리는 하나님의 섭리는 운이나 우연과 무관하다는 사실을 분명하게 알아야 한다. 오랜 세월 동안 그리고 우리 시대까지 사람들은 많은 일들이 우연히 발생했다고 생각해 왔다. 만일 어떤 사람이 강도를 만나고, 바다에서 배가 파선되고, 광야에서 오아시스를 발견하고, 간신히 죽음을 피한다면 이는 모두 우연으로 간주되었다. 하지만 우리는 우리의 머리털 하나까지 세신 바 되었음을 안다. 우리를 돌보시는 분은 그 어떤 사건도 우연히 우리에게 발생하도록 하시지 않는다는 것을 안다. 모든 사건들은 하나님의 비밀스러운 계획에 따른 다스림을 받는다.

자, 하나님은 전능하신 분임을 기억하자. 물론 주님의 전능하심은 철학자들이 생각하는 개념과 다르다. 하나님은 창조를 마치신 후 지금은 한가히 보내고 계신 것이 아니다. 주님은 지금도 주의 깊게 살피며 힘차게 일하신다. 그분은 세상을 잘 돌아가도록 만드셨기에 전능한 분이시기도 하지만, 또한 자상한 배려로 하늘과 땅을 다스리시기에 전능한 분이시기도 하다. 주님의 선하심은 그가 정하신 질서에 따라 만물이 저절로 운영되는 데에서보다, 그분이 모든 백성을 부성적인 사랑으로 계속 돌보시는 데에서 더 많이 나타난다.

하나님의 전능하심은 우리가 그분께 순종하고 그분의 보호하심을 믿고 안심하도록 돕는다. 우리는 미신적인 두려움을 갖지 않을 것이다. 어떤 사람들은 별들이 세상을 다스린다고 생각하고는 점성술의 운세를 염려한다. 그렇지 않다. 세상은 하나님의 비밀스러운 뜻에 의해 철저하게 다스려지고 있다. 따라서 그분의 허락과 지식과 뜻이 없이는 그 어떤 일도 발생하지 않는다.

우리가 분명히 해야 할 또 다른 중요한 점은 하나님의 돌보심은 주의 예지보다 훨씬 더 중요하다는 사실이다. 주님의 돌보심은 계속적인 행동으로 나타난다. 하나님은 전반적으로 세상을 다스리시지만 각 개인을 통제하지는 않으신다는 말은 틀린 말이다. 사람은 우연히 움직이거나 행동하지 않으며 자기 자신의 자유의지에 의해 움직이거나 행동하는 것도 아니다. 지금도 하나님이 세상을 돌보신다는 의미는 주께서 인간들의 사건 속에서 계속 일하신다는 뜻이다. 이 세상에서 어떤 일이 발생할지에 대한 결정은 부분적으로 하나님이 택하시고 부분적으로 우리가 택하는 것이 아니다. 선택은 항상 하나님께 있다.

하나님은 생명체 및 무생명체 모두를 다스리신다. 우리는 하나님의 부성적인 돌보심에 의해 풍년을 맞기도 하고 흉년을 맞기도 한다. 안전한 항해를 하기도 하고 파선을 당하기도 한다. 하나님은 전능하시다. 우리는 우리에게 좋은 일이 생기든 나쁜 일이 생기든 하나님의 결정에 의한 것임을 깨달아야 한다. 하나님은 참으로 자비하신 분이기에 우리가 필요로 하는 모든 것을 공급하심을 알아야 한다. 우리가 어려운 시기를 지나는 것은 주님이 우리에게 보다 좋은 것을 제공하실 수 없어서가 아니다. 그리스도께서는 참새처럼 작은 피조물이라도 하늘 아버지의 뜻 없이는 땅에 떨어질 수 없다는 보편적인 진리를 선포하셨다.

하나님은 사람을 위해 세상을 지으셨다. 주께서는 우리의 유익을 위해 세상을 다스리신다. 예레미야는 "여호와여 내가 알거니와 사람의 길이 자신에게 있지 아니하니 걸음을 지도함이 걷는 자에게 있지 아니하니이다"(렘 10:23)라고 외쳤다. 솔로몬은 "사람의 걸음은 여호와로 말미암나니 사람이 어찌 자기의 길을 알 수 있으랴"(잠 20:24)라고 말했다. 이러한 구절들을 고려하면, 하나님은 사람에게 움직일 능력을 주시고 사람은 자신이 어떻게 움직일지 선택한다는 주장을 받아들일 수 없다. 택하심과 목적은 언제나 하나님의 것이다.

심지어 가장 우연하게 보이는 일들도 하나님에 의해 통제된다. 만일 어떤 사람이 우연히 다른 사람에 의해 죽게 되더라도, 이는 하나님의 허락 없이 된 일이 아니다. "만일 사람이 고의적으로 한 것이 아니라 나 하나님이 사람을 그의 손에 넘긴 것이면"(출 21:13). 우리 중에 많은 사람이 주사위를 던지는 것은 참으로 우연에 맡기는 것이라 생각하지만 성경은 하나님이 그것마저 통제하신다고 주장한다. "제비는 사람이 뽑으나 모든 일을 작정하기는 여호와께 있느니라"(잠 16:33).

이 세상을 향한 하나님의 보살핌은 일반적일 뿐 아니라 특별하다. 성경에 나타난 예들을 보면, 주님의 사랑의 돌보심은 참으로 특별하다. 주님은 바람을 보내 바다로부터 메추라기를 몰아오셨다(민 11:31). 주님은 요나를 바다에 빠뜨리고자 폭풍을 보내셨다. 성경은 주님이 모든 자연을 통제하신다고 말한다. "구름으로 자기 수레를 삼으시고 바람 날개로 다니시며 바람을 자기 사신으로 삼으시고 불꽃으로 자기 사역자를 삼으시며"(시 104:3-4). "여호와께서 명령하신즉 광풍이 일어나 바다 물결을 일으키는도다 …… 광풍을 고요하게 하사 물결도 잔잔하게 하시는도다"(시 107:25, 29). 심지어 우리가 먹는 빵과 같은 일상적인 것도 하나님이 주신다. 하나님은 우리에게 "오늘 우리에게 일용할 양식을 주시옵고"라고 기도하라고 요구하신다.

하나님이 세상의 모든 일을 항상 다스리신다는 가르침이 마치 세상이 '운명'에 의해 통제된다는 것으로 오해된다면 그 가르침은 끔찍하게 들릴 수 있다. 그리스도인은 이런 생각을 거절해야 한다. '운명'은 '전적인 우연' 또는 '행운'과 유사하며, 이는 우리가 가르치는 교리가 아니다. 운명이 인류를 다스린다는 사상은 철저하게 비기독교적이다. 우리는 사랑의 하나님이 부성적인 보살핌으로 모든 것을 살피신다고 믿는다.

하지만 종종 우리의 마음은 너무나 무뎌서 하나님의 행동을 이해하지 못한다. 하나님의 자명한 뜻에 따라 모든 일들이 발생되더라도 그 일들은 우리에게 우연히 발생한 것처럼 보인다. 우리는 항상 발생하는 수많은 사건의 목적을 다 알 수 없다.

다윗의 인생을 보면, 하나님의 다스리심 가운데 다윗이 전혀 관여할 수 없는 분명한 사건들이 발생하는 것을 볼 수 있다. 다윗이 마온 광야에서 사울왕에게 포위되었을 때 블레셋 족속이 이스라엘을 공격한 덕에 사울은 다윗을 잡으려는 시도를 멈추고 블레셋과 싸우러 가야 했다(삼상 23:24-28). 이 사건은 우연히 발생한 것이 아니었다. 그 시간은 모두 하나님이 정하셨다. 만일 우리에게 믿음이 있다면 우리는 우연히 발생하는 일들이 하나님의 비밀스러운 능력에 의해 발생한다는 사실을 알게 될 것이다.

제17장
하나님의 돌보심에 대한 교훈을 적용하는 방법

이 세상을 지으신 창조주를 기억할 때 우리는 이 세상을 끊임없이 보살피고 간섭하시는 하나님을 떠올릴 수 있다. 우리는 하나님에 대해 경의와 겸손의 자세로 말해야 한다. 많은 사람들이 하나님은 그들의 이성으로 다 파악할 수 없는 분이심을 고려하지 않는다. 그러나 우리는 바울을 따라 "깊도다 하나님의 지혜와 지식의 풍성함이여, 그의 판단은 헤아리지 못할 것이며 그의 길은 찾지 못할 것이로다"(롬 11:33)라고 고백해야 한다. 우리가 이해할 수 없는 신비들이 있다. 하지만 하나님은 우리가 그분을 어느 정도 알 수 있도록 허락하셨다. "감추어진 일은 우리 하나님 여호와께 속하였거니와 나타난 일은 영원히 우리와 우리 자손에게 속하였나니 이는 우리에게 이 율법의 모든 말씀을 행하게 하심이니라"(신 29:29).

그리스도인을 위한 위로

수많은 사건들의 원인을 우리가 알 수 없다 하더라도 우리는 하나님이 그분의 계획을 이루고 계시는 것을 확고하게 믿을 수 있다. 우리는 다윗과 같이 "여호와 나의 하나님이여 주께서 행하신 기적이 많고 우리를 향하신 주의 생각도 많아 누구도 주와 견줄 수가 없나이다 내가 널리 알려 말하고자 하나 너무 많아 그 수를 셀 수도 없나이다"(시 40:5)라고 말할 수 있다.

어려움을 당할 때는 자기 자신을 어려움의 요인으로 여기고 내면을 들여다본 후 죄를 발견했다면 회개해야 한다. 그러나 하늘 아버지는 무엇이든 뜻대로 행할 권한이 있으시다. 죄에 대한 벌로 당하는 고통이 있지만, 하나님의 영광을 드러내기 위한 고통도 있다. 그 예로는, 날 때부터 맹인인 사람이 있다. 예수님은 "이 사람이나 그 부모의 죄로 인한 것이 아니라 그에게서 하나님이 하시는 일을 나타내고자 하심이라"(요 9:3)라고 말씀하셨다. 우리 인간은 이러한 처사를 불공평하게 여긴다. 그러나 이런 일은 우리가 파악할 수 없는 신비 중 하나이다. 우리는 하나님께 설명을 요구해서는 안 된다. 그러한 권한은 우리에게 허락되지 않았다. 우리는 하나님의 비밀스런 계획에 경의를 표해야 하며, 항상 그래야 한다.

미래

우리는 솔로몬의 글에서 인간의 계획은 하나님과 조화를 이룬다는 것을 배운다. "사람이 마음으로 자기의 길을 계획할지라도 그의 걸음을 인도하시는 이는 여호와시니라"(잠 16:9). 하나님의 작정이 우리가 미리 생각하고 계획한 것과 상충하지 않더라도 우리는 여전히 하나님의 주권적인 보살핌을 인식해야 한다.

하나님은 우리에게 생명을 주셨고 또한 우리의 삶을 돌볼 수단도 주셨다. 주님은 우리에게 위험을 내다볼 능력도 주셨다. 그분은 우리에게 잘못된 것들을 조심하고 또한 바로잡으라고 가르치셨다. 그러므로 하나님은 우리가 자신의 생명을 돌볼 것을 기대하신다. 주님은 우리가 위험에 뛰어들지 않도록 미리 경고를 받는 것을 허락하신다.

어떤 사람들은 하나님의 계속적인 개입에 대한 노골적인 교리를 보고는 그릇된 결론을 내린다. 그들은 하나님이 정하신 연수가 다한 어떤 사람을 다른 어떤 사람이 죽인다면 왜 그 살인자를 하나님이 처벌하시는지 묻는다. 하지만 그 살인자는 "살인하지 말라"(출 20:13)라는 하나님의 분명한 말씀을 거역했다. 우리는 하나님이 말씀으로 선언하신 주님의 뜻에 순종해야 한다. 하나님이 악한 행위들을 선하게 사용하신다고 해서 그 악한 행위가 덜 악한 것은 아니다.

이차적 원인들

무엇보다, 모든 사건은 하나님이 일하신 결과이다. 모든 사건의 이차적 원인은 나름대로의 역할이 있다. 경건한 사람은 친절을 베푼 사람을 보며 그를 선하신 하나님이 고용한 도구로 여길 것이다. 또한 주님의 도구로 쓰인 사람에게 진심으로 감사를 느끼며 감사를 표현할 것이다. 만일 어떤 사람이 보호자의 부주의함 때문에 죽었다면, 비록 죽은 사람의 생명의 길이는 하나님에 의해 정해져 있을지라도, 그 보호자는 죄책감을 느낀다. 하나님의 돌보심과 개입을 올바르게 이해하는 경건한 사람은 하나님의 선하심에 대한 교리를 남용하거나 또는 죄에 대한 핑계로 삼지 않는다.

그리스도인을 위한 약속들

성경에는 하나님이 항상 우리의 안전을 지켜주신다는 많은 약속이 있다. 그중 몇 가지는 다음과 같다. "네 짐을 여호와께 맡기라 그가 너를 붙드시고 의인의 요동함을 영원히 허락하지 아니하시리로다"(시 55:22). "그가 너희를 돌보심이라"(벧전 5:7). "지존자의 은밀한 곳에 거주하며 전능자의 그늘 아래에 사는 자여"(시 91:1). "여인이 어찌 그 젖 먹는 자식을 잊겠으며 자기 태에서 난 아들을 긍휼히 여기지 않겠느냐 그들은 혹시 잊을지라도 나는 너를 잊지 아니할 것이라"(사 49:15).

이러한 진리들을 알면 형통할 때 감사하게 되고, 어려움을 당할 때 인내하게 되며, 미래의 안전에 대해 놀라울 정도로 확신하게 된다. 비록 형통은 인간을 수단으로 임하지만, 우리는 형통이 하나님의 선하심으로 말미암아 임한다고 믿는다. 사람들이 우리에게 친절을 베풀 때 우리는 하나님이 그들의 마음을 주장해 우리를 돕도록 하신 것을 안다. 어려움이 오면, 우리는 하나님이 그 어려움을 통해 우리 마음 안에 인내와 잠잠히 순종하는 성품을 만드시려는 것을 안다. 요셉이 그의 형제들에게 얼마나 악한 대우를 받았는지 기억하라. 하지만 그는 그들의 음모에 대해 생각하지 않았고 오직 하나님이 역사하셨다는 것만 생각했다. "당신들은 나를 해하려 하였으나 하나님은 그것을 선으로 바꾸사 오늘과 같이 많은 백성의 생명을 구원하게 하시려 하셨나니"(창 50:20; 창 45:8 참조).

하나님은 마음을 바꾸시는가?

성경의 어떤 구절들을 보면 하나님이 마음을 바꾸시는 것처럼 보인다. "땅 위에 사람 지으셨음을 한탄하사(마음을 바꾸사_역주) 마음에 근심하시고"(창 6:6). "만일 내가 말한 그 민족이 그의 악에서 돌이키면 내가 그에게 내리기로 생각하였던 재앙에 대하여 뜻을 돌이키겠고"(렘 18:8). 어떤 때는 주의 작정이 취소되기도 한다. 요나는 니느웨 사람들에게 그들의 도성이 멸망할 것이라는 주님의 작정을 전하라고 명령을 받았지만, 하나님은 그 도성을 남겨 두셨다. 히스기야왕은 곧 죽을 것이라는 주의 작정을 들었지만, 하나님은 그에게 15년을 더 살게 하셨다.

마음을 바꾼다는 것은 사실 마음을 바꾼 그 사람이 무지했거나 잘못했거나 연약했다는 의미이다. 우리는 하나님이 이러한 의미에서 마음을 바꾸셨다고 말할 수 없다. 만일 이러한 의미로 하나님이 마음을 바꾸셨다고 한다면, 곧 하나님이 알지 못하셨고, 목적을 가지고 악을 행하셨고, 악을 막을 수 없었다는 뜻이 된다. 만일 마음을 바꾼다는 뜻이 오직 이 의미만 있다면 성경은 하나님이 마음을 바꾸실 수 있다는 사실을 부인할 것이다. "이스라엘의 지존자는 거짓이나 변개함이 없으시니 그는 사람이 아니시므로 결코 변개하지 않으심이니이다"(삼상 15:29).

위 구절들에서 하나님이 마음을 바꾸셨다고 한 표현은 인간의 표현 방식으로 묘사된 것임을 알아야 한다. 하나님의 숭고한 속성들은 인간의 말과 생각으로 묘사하기에는 너무 높다. 하지만 하나님은 우리가 이해할 수 있는 방법으로 자신에 대해 묘사하셨다. 그분의 목적과 뜻과 마음은 결코 변하지 않는다. 하나님은 니느웨를 무너뜨리는 것을 원하지 않으셨지만, 요나의 선포를 통해 그 성의 사람들이 회개하도록 계획하셨다. 하나님은 히스기야의 생명을 당장 거두시기보다 히스기야가 주께로 돌아오기를 원하셨다. 주님은 사람들이 마음을 돌이키도록 경고하신다. 이사야는 그 시대를 향해 도전을 던졌고 아직도 그 도전은 여전히 남아 있다. "만군의 여호와께서 경영하셨은즉 누가 능히 그것을 폐하며 그의 손을 펴셨은즉 누가 능히 그것을 돌이키랴"(사 14:27).

제18장
악인들을 의롭게 사용하시는 하나님

사탄과 모든 악인들 또한 하나님의 뜻에 의해 통제된다는 성경의 가르침은 이해하기 매우 어렵다. 우리는 악한 일이 발생하면 그 탓을 하나님께 돌리고는 한다.

어떤 사람은 하나님이 행하시는 일과 하나님이 허락하시는 일을 구별하는 것으로 이 문제를 풀려 한다. 하지만 우리는 욥기를 통해 욥에게 발생한 일들은 사실 하나님이 행하신 것임을 알 수 있다. 사탄과 스바 사람들이 욥을 강탈한 후에 욥은 "주신 이도 여호와시요 거두신 이도 여호와시오니"(욥 1:21)라고 말한다. 또 다른 경우도 있다. 유대인들은 그리스도를 죽이기 원했는데, 그리스도의 죽으심은 하나님의 뜻이기도 했다. 제자들은 나중에 이 사실에 대해 "과연 헤롯과 본디오 빌라도는 이방인과 이스라엘 백성과 합세하여 하나님께서 기름 부으신 거룩한 종 예수를 거슬러 하나님의 권능과 뜻대로 이루려고 예정하신 그것을 행하려고 이 성에 모였도다"(행 4:27-28)라고 말했다.

솔로몬은 왕의 마음을 바꾸시는 분은 하나님이라고 말한다. 하나님이 우리의 마음을 주장하신다는 사실은 신약에서도 하나님이 그들의 마음을 강퍅하게 하시거나 또는 그들의 눈을 멀게 하셨다는 반복되는 표현으로 분명하게 언급되고 있다. 로마서

11장 8절은 "하나님이 오늘까지 그들에게 혼미한 심령과 보지 못할 눈과 듣지 못할 귀를 주셨다"라고 말한다.

우리는 하나님이 이렇게 하시면 안 된다고 말할 수 없다. 우리는 우리의 창조주를 판단할 수 없다. 성경에 오류가 있다고 말하는 것 또한 그릇된 일이다. 우리가 이해할 수 없다고 말한다 해서 어려움을 피할 수 있는 것도 아니다. 하나님은 그분이 어떻게 일하는지 우리에게 말씀하셨고 우리는 주님이 하신 말씀을 받아들여야 한다.

어떤 사람은 하나님이 모순되신다고 주장한다. 그들은 하나님이 한편으로는 선을 원하시지만 다른 한편으로는 악한 일이 발생하도록 하신다고 말한다. 그러나 하나님의 뜻이 우리에게는 나뉜 것처럼 보여도 하나님은 오직 하나의 뜻을 갖고 계신다. 어거스틴의 말은 이 사실에 대한 우리의 이해를 돕는다. "어떤 사람은 하나님의 뜻과는 다른 선한 바람을 가지고 있고, 다른 사람은 하나님의 뜻과 맞는 악한 바람을 가지고 있다. 예를 들어, 하나님의 뜻은 어떤 착한 아들의 아버지가 죽는 것이지만, 그 아들은 착한 마음을 가지고 그의 아버지가 살기를 바란다. 또는 하나님의 뜻은 어떤 악한 아들의 아버지가 죽는 것인데, 그 아들은 악한 마음을 가지고 그의 아버지가 죽기를 바란다. 여기서 착한 아들은 하나님이 뜻하지 않으시는 것을 바람으로써 하나님을 기쁘시게 한다. 반면에 악한 아들은 하나님이 뜻하시는 것을 바람으로써 하나님을 불쾌하게 한다."

하나님은 때때로 악인의 악한 의도를 사용해 주님의 의로운 목적을 이루신다. 만일 하나님이 전능하신 능력으로 악에서 선을 이끌어 내실 수 없다면 그분은 악을 허락하지 않으실 것이다. 그리스도께서는 비록 악한 자들의 손에 의해 십자가에 못 박히셨지만, 그 사건은 하나님의 정하심에 따른 것이었다. 만일 그리스도의 죽음이 없었다면 우리는 구원을 얻을 수 없었을 것이다.

어떤 사람들은 이 가르침에 반대하며 만일 하나님이 악인들을 사용하고 심지어 그들의 계획을 주관하신다면 이는 하나님이 그들이 짓는 죄를 범하시는 것이라고 말한다. 그리고 악인들은 단지 하나님의 정하심에 순종한 결과 벌을 받게 되는 것이라고 말한다. 하지만 이는 잘못된 논리이다. 우리는 하나님의 명령에 언제나 순종해야 한다. 주의 명령을 의도적으로 어기는 자는 벌을 받아 마땅하다. 하나님의 명령은 변하지 않는다. 하나님의 뜻 역시 불변한다.

문제는 하나님이 뜻하신 바가 그분의 명령과 반대되는 것처럼 보이는 때이다. 이러한 경우 우리는 하나님이 뜻하시는 목적을 이해하지 못할 것이다. 하나님의 뜻은 어떤 사람의 악한 행동을 포함할 수 있다. 그렇다 해도 그 사람의 행동은 여전히 악한 것이다. 하나님은 다윗의 간통죄가 압살롬의 근친상간의 죄로 보복되도록 하셨지만, 하나님이 압살롬에게 근친상간을 저지르라고 명하지는 않으셨다. 비록 악한 사람들의 행함이 하나님의 계획과 일치될 수는 있더라도 여전히 그들은 죄가 있다. 그 이유는 그들 자신이 원해 악을 행했기 때문이다.

제 1 장 아담의 타락과 원죄
제 2 장 노예 상태에 있는 인간의 의지
제 3 장 인간의 의지는 죄에 속박되었으며, 오직 은혜로만 자유롭게 된다
제 4 장 인간의 마음 안에서 하나님이 역사하시는 방법
제 5 장 각 사람이 자유의지를 가진다는 주장에 대한 대답들
제 6 장 우리는 타락한 사람들로서 그리스도 안에서 구원을 얻어야 한다
제 7 장 율법의 목적
제 8 장 도덕법
제 9 장 그리스도는 구약 시대에도 알려져 있었지만, 충분히 계시되지는 않았다
제10장 구약성경과 신약성경의 유사점
제11장 구약성경과 신약성경의 차이점
제12장 그리스도께서는 중보자가 되기 위해 사람이 되셔야만 했다
제13장 그리스도께서는 참 사람이셨다
제14장 중보자의 두 본성
제15장 그리스도께서는 우리의 선지자, 제사장, 왕이시다
제16장 그리스도의 구속 사역
제17장 그리스도께서 자신의 공로로 우리를 위한 은혜를 얻어 내셨다

제2권

구속자 하나님을 아는 지식

The Knowledge of God the Redeemer

2

The Knowledge of God the Redeemer

구속자 하나님을
아는 지식

제1장
아담의 타락과 원죄

일반 철학은 인간의 존엄과 이성의 기능을 강조한다. 사람들은 이러한 철학 사상을 받아들여 자신이 유능하고 똑똑하고 지혜롭다 생각하며 우쭐해진다. 그들은 선을 행하고 악을 피하면서 좋은 평판을 얻고 싶은 마음도 갖는다. 이들 이론은 인간 본성 안에는 아무런 잘못된 것이 없다고 말한다.

하지만 인간의 본성에 대한 성경의 가르침은 전혀 다르다. 하나님은 참으로 우리를 지으실 때 순결하고 선한, 심지어 고상한 본성을 지니게 하셨다. 이 사실은 우리를 교만하게가 아니라 겸손하게 한다. 지금 인간은 항상 순결하고 선하고 고상하다 말할 수 없게 되었기 때문이다. 아담이 하나님께 불순종하고 금단의 열매를 먹었을 때, 그로 인해 모든 인류는 부패하게 되었다. 이제 우리는 타락했고 선을 택할 능력을 상실했다.

하나님은 아담의 순종을 시험하기 위해 그에게 선악을 알게 하는 나무를 먹지 말라고 하셨다. 만일 아담이 순종하면 이는 그가 하나님의 권위에 기꺼이 복종함을 나타내는 것이었다. 아담이 그 열매를 먹은 것은 단순히 작은 죄가 아니었다. 그 사건은 그가 하나님을 자신의 주인으로 인정하기를 거절했음을 보여 주는 사건이었다.

아담은 일련의 그릇된 생각과 함께 불순종을 행했다. 뱀은 하와를 속여서 하나님의 말씀을 불신하게 했고 그 후 그 말씀에 불순종하도록 했다. 그 죄의 주된 원인은 불순종이었다. 바울은 "한 사람이 순종하지 아니함으로 많은 사람이 죄인된 것 같이"(롬 5:19)라고 말한다. 아담은 진리를 멸시하고 거짓을 믿음으로써 하나님의 다스리심을 거역했다.

아담의 죄는 모든 피조물에게 저주를 가져왔다. 그의 죄는 그의 모든 자손들에게 전가되었다. 이것이 원죄로 불리는 유전되는 인간의 부패 교리이다. 원래 순결하고 선했던 우리의 본성이 지금은 타락한 상태에 있다. 우리는 태어날 때부터 타락했다. 다윗도 예외가 아니다. 그는 "내가 죄악 중에서 출생하였음이여 어머니가 죄 중에서 나를 잉태하였나이다"(시 51:5)라고 말했다. 우리는 모두 하나님 앞에서 부정하며, 심지어 태어나기 전부터 부정하다.

바울은 로마서 5장 12절에서 이 사실을 분명하게 한다. "그러므로 한 사람으로 말미암아 죄가 세상에 들어오고 죄로 말미암아 사망이 들어왔나니 이와 같이 모든 사람이 죄를 지었으므로 사망이 모든 사람에게 이르렀느니라." 마찬가지로 그리스도의 은혜에 의해 의와 생명이 우리에게 회복되었다. 아담의 죄가 모든 인류에게 퍼졌다. 그러나 그리스도의 구원이 (의를 전달해 줌으로써) 죄에 대한 해결책을 제공하기 위해 사람들에게 전파된다.

원죄는 타락한 인간의 본성이 유전되는 것을 의미하는데, 우리의 영혼 전체에 영향을 끼친다. 이로 인해 우리는 우선 하나님의 진노를 받기에 합당하게 되며 또한 그릇된 일들을 행하게 된다. 우리는 우리의 본성이 아담의 죄로 인해 부패하게 됨으로써 하나님 앞에서 정죄를 받는다. 우리는 다른 사람의 잘못 때문에 정죄를 받는다고 주장하거나 우리 자신은 흠이 없다고 주장할 수 없다. 죄로 인한 부패가 실제로 우리 안에 있기 때문이다. 우리 안에 죄가 있으므로 우리는 처벌을 받는 것이 마땅하다. 로마서 3장은 원죄에 대해 매우 분명하게 알려 준다.

제2장
노예 상태에 있는 인간의 의지

우리는 죄가 보편적으로 인류를 주관하며 모든 사람을 각각 특별하게 다스리는 것을 배웠다. 그렇다면 인간에게 전혀 자유란 없는가?

이 문제를 논할 때 두 가지 위험을 피해야 한다. 우리는 사람이 옳은 것에 대한 감각을 모두 잃었다고 생각해서는 안 된다. 그럴 경우 우리는 태만과 같은 죄에 대해 핑계를 댈 것이다. 더 열악한 경우는 사람은 바르게 행할 능력이 없으니 선을 행할 시도조차 할 필요가 없다고 주장하는 경우이다. 우리가 피해야 하는 또 다른 위험은 우리 자신에게 아주 조그마한 의라도 돌리려는 태도이다. 만일 우리가 스스로의 힘으로 선을 행할 수 있다 말한다면, 우리는 스스로 교만해져서 하나님의 영광을 빼앗는 교만의 죄에 빠질 수 있다.

우리는 모든 선함을 잃었다. 그러므로 우리는 우리 안에 있지 않은 선함과 우리가 잃은 자유를 하나님께 간절하게 구해 얻는 법을 배워야 한다.

철학자들은 인간의 이성은 우리 마음을 다스리기에 충분한 능력을 지니며 따라서 우리의 행동을 다스린다고 말한다. 그들은 의지가 우리의 감각에 의해 미혹될 수는 있지만 우리의 이성에 따라 선택할 자유는 그대로 남아 있다고 말한다. 심지어 여러 기독교 작가들 중에서도 이 부분에서 오류에 빠진 자들이 있다. 그들은 의지에는 비록 매우 제한된 자유가 있음을 알지만 그럼에도 자유롭다고 설명한다. 그들은 사람은 자발적으로 나쁜 짓을 택하는 것이지 그렇게 하도록 강요받지는 않는다고 말한다. 이 말은 맞지만, 그 자유가 단지 악을 행할 것인지 말 것인지의 자유라면, 대단히 형편없는 자유이다. 이 경우 자유롭게 마음껏 선을 행할 자유는 전혀 없다.

성경은 성령님이 자유를 주시지 않으면 인간에게는 선을 택할 자유가 전혀 없다고 가르친다. 우리는 우리 자신의 선함을 대수롭지 않게 여겨야 하며, 반면 하나님이 우리에게 주실 수 있는 선함에 대해서는 매우 귀중하게 여겨야 한다. 우리는 우리 스스로 선함을 가지고 있다는 생각을 거절해야 하는데, 그러한 생각은 사탄으로부터 오기 때문이다. 사탄은 거짓말쟁이로서 아담과 하와에게 "너희 눈이 밝아져 하나님과 같이 되어 선악을 알게 된다"(창 3:5)라고 말했다.

성경의 수많은 구절은 자신에게 선함이 있다 생각하지 말고 오직 하나님만 의지해야 한다고 강조한다. "무릇 사람을 믿으며 육신으로 그의 힘을 삼고 마음이 여호와에게서 떠난 그 사람은 저주를 받을 것이라"(렘 17:5). "여호와는 말의 힘이 세다 하여 기뻐하지 아니하시며 사람의 다리가 억세다 하여 기뻐하지 아니하시고 여호와는 자기를 경외하는 자들과 그의 인자하심을 바라는 자들을 기뻐하시는도다"(시 147:10-11). "피곤한 자에게는 능력을 주시며 무능한 자에게는 힘을 더하시나니"(사 40:29).

하나님은 그분의 능력을 교만하거나 배은망덕한 자들에게 주지 않으신다. 그분은 우리가 그분으로부터 능력을 받기 원할 때까지 기다리신다. 우리가 그분을 갈망하면, 그분은 우리의 목마름을 해소시키실 것이다. "나는 목마른 자에게 물을 주며 마른 땅에 시내가 흐르게 하며"(사 44:3). 우리는 결코 우리 스스로 어떤 선을 행할 수 있다고 생각해서는 안 된다. 우리는 겸손하게 하나님의 영의 도움을 구해야 한다. 한번은 어떤 사람이 어거스틴에게 진정한 그리스도인이 되려면 가장 필요한 것이 무엇이냐고 물었다. 그는 대답하기를, "첫째도 겸손이요, 둘째도 겸손이요, 셋째도 겸손이다."라고 했다.

아담이 죄를 지음으로 인류가 타락하게 되었을 때 우리는 하나님이 주신 은사 중 일부를 완전하게 잃었다. 다른 은사들은 잃지는 않았어도 크게 훼손되었다. 우리는 하나님을 사랑할 능력과 이웃을 사랑할 능력을 잃었다. 또한 거룩함과 의를 향한 갈망을 잃었다. 나아가 바른 생각을 할 수 있는 은사와 도덕적인 청렴을 갈망하는 마음도 손상되었다.

분명한 것은 인간은 이성의 능력을 잃지 않았다. 사람은 이해하고 판단할 수 있으며 선과 악의 차이를 안다. 하지만 이 땅에서의 삶과 관련된 문제들을 이해하는 것과 하늘의 일들을 이해하는 것은 크게 다르다. 우리는 우리의 손상된 지각으로 이 땅의 일들에 대해 알 수 있다. 하지만 하나님과 그분의 의 그리고 하나님 나라의 신비를 아는 데 있어 이런 부패한 지각은 전혀 도움이 되지 않는다.

우리가 이성의 능력을 여전히 유지하고 있다는 증거는 우리 주변에 대단히 많다. 첫째, 우리는 사람이 사회적인 피조물이며 무리를 지어서 살아가는 것을 볼 수 있다. 모든 사람은 사회를 받쳐 줄 법이 필요하다는 사실에 대해 이성적으로 따질 수 있다. 둘째, 거의 모든 사람이 어떤 기술과 예술성 또는 재능을 가지고 있다. 이 사실은 인간의 지각 속에 어떤 강한 능력이 있음을 보여 준다. 셋째, 작가들의 뛰어난 작품을 볼 때 우리는 그 안에서 그들의 훌륭한 논리를 볼 수밖에 없다.

비록 사람들은 이 사실을 깨닫지 못할 수 있지만, 그들 및 우리의 재능은 하나님의 영으로부터 온다. 그분만이 진리의 유일한 근원이시다.

우리는 하나님을 알고 우리를 향한 그분의 부성적인 사랑을 이해하기 위해 인간의 이성이 얼마나 많은 능력을 지녀야 하는

지 궁금할 수 있다. 그 대답은 아무리 똑똑한 사람이라도 하나님이 그들에게 빛을 주시지 않으면 아무것도 알 수 없다는 사실이다. 그들이 소유한 빛은 어두운 밤에 번쩍이는 번갯불과 같다. 그들은 하나님의 속성에 관해 약간 알고 있다. 그러므로 전혀 몰랐기 때문에 하나님을 믿지 않았다고 핑계할 수 없다. 하지만 그들이 지닌 빛은 진리를 알게 하는 데는 충분하지 않다.

베드로가 예수님이 그리스도이시며 살아계신 하나님의 아들이시라는 사실을 깨달았을 때, 예수님은 "이를 네게 알게 한 이는 혈육이 아니요 하늘에 계신 내 아버지시니라"(마 16:17)라고 대답하셨다. 시편 36편 9절은 "진실로 생명의 원천이 주께 있사오니 주의 빛 안에서 우리가 빛을 보리이다"라고 말한다. 모세는 이스라엘 백성이 하나님이 행하신 일을 망각하자 그들을 책망하며 이렇게 말했다. "여호와께서 애굽 땅에서 너희의 목전에 바로와 그의 모든 신하와 그의 온 땅에 행하신 모든 일을 너희가 보았나니 곧 그 큰 시험과 이적과 큰 기사를 네 눈으로 보았느니라 그러나 깨닫는 마음과 보는 눈과 듣는 귀는 오늘까지 여호와께서 너희에게 주지 아니하셨느니라"(신 29:2-4).

또한 주님은 예레미야 선지자를 통해 "내가 여호와인 줄 아는 마음을 그들에게 주어서"(렘 24:7)라고 말씀하신다. 물론 이 말씀은 하나님이 그런 마음을 주시지 않는 한, 그 백성은 영적인 지혜를 가지지 못한다는 뜻이다. 이 사실은 요한복음 6장 44절에서 더욱 분명하게 언급된다. "나를 보내신 아버지께서 이끌지 아니하시면 아무도 내게 올 수 없으니."

사도 바울은 인간의 모든 지혜는 어리석음이라고 선언한다(고전 1:18 이하). 그 후 그는 "육에 속한 사람은 하나님의 성령의 일들을 받지 아니하나니 이는 그것들이 그에게는 어리석게 보임이요, 또 그는 그것들을 알 수도 없나니 그러한 일은 영적으로 분별되기 때문이라"(고전 2:14)라고 말한다. 영적으로 분별하는 능력은 오직 하나님의 선물이다. 이는 다음과 같은 바울의 기도에서 잘 나타난다. "우리 주 예수 그리스도의 하나님, 영광의 아버지께서 지혜와 계시의 영을 너희에게 주사 하나님을 알게 하시고 너희 마음의 눈을 밝히사"(엡 1:17-18). 가장 분명한 것은 하나님이 은혜 가운데 우리의 마음을 밝혀 주지 않으시면 우리는 하나님에 대해 맹인이며 거의 아무것도 알지 못한다는 사실이다.

그렇다면 사람은 하나님이 우리 삶에 원하시는 표준에 대한 지식을 가지고 있는가? 그렇다. 우리는 옳고 그름에 대한 지식이 있다. "율법 없는 이방인이 본성으로 율법의 일을 행할 때에는 이 사람은 율법이 없어도 자기가 자기에게 율법이 되나니 이런 이들은 …… 그 마음에 새긴 율법의 행위를 나타내느니라"(롬 2:14-15). 만일 이방인들이 그들의 마음에 새겨진 율법을 가지고 있다면 그들은 분명히 옳고 그름에 대한 어느 정도의 지식이 있는 것이다. 그들의 양심이 그들의 율법이지만, 많은 도움을 주지는 못한다. 그들은 옳고 그름을 안다. 그러나 그들이 죄 가운데 계속 거할 때 그들의 지식은 도리어 그들에게 책임을 물으며 그들을 공의로운 심판으로 이끌 것이다.

인간의 지각은 선을 행할 능력이 전혀 없다. 심지어 선을 행하려는 시도조차 하지 않는다. 바울이 선을 행하고자 하나 행할 수 없다고 말했을 때(롬 7:15) 그는 그리스도인으로서 말한 것이다. 육의 사람에게는 이러한 갈등이 없다. 그들은 심지어 선을 행할 열망조차 없다. 바울은 그들 안에는, 즉 그들의 육신 안에는 선한 것이 아무것도 거하지 않는다고 말한다. 선이 존재한다면 그것은 하나님으로부터 온 것이다.

오직 거듭난 사람만이 로마서 7장 22-23절에 묘사된 내면의 갈등을 겪는다. "내 속사람으로는 하나님의 법을 즐거워하되 내 지체 속에서 한 다른 법이 내 마음의 법과 싸워 내 지체 속에 있는 죄의 법으로 나를 사로잡는 것을 보는도다." 어거스틴은 "당신 안에 어떤 선한 모양이라도 있다면 그것은 하나님의 것이라 고백하고, 어떤 악한 모양이라도 있다면 당신의 것이라 고백하라. 우리의 것은 오직 죄 외에는 아무것도 없다."라고 말했다.

제3장
인간의 의지는 죄에 속박되었으며, 오직 은혜로만 자유롭게 된다

예수님은 "육으로 난 것은 육이요 영으로 난 것은 영이니"(요 3:6)라고 말씀하신다. 여기서 '육'은 '인간의 본성'을 의미한다. 바울은 육의 생각은 하나님과 원수가 되기 때문에 사망이라고 말한다(롬 8:6-7). 육의 생각은 하나님의 법에 굴복하지 않는다. 사실, 굴복할 수도 없다. 육의 생각은 모든 힘을 다해 하나님과 대항한다. 만일 육이 이러한 것이라면, 오직 죽음만이 타당하다.

주님의 주장은 좀 더 깊다. 주님은 우리가 거듭나야 한다고 말씀하신다. '새로 태어남'은 감정 및 육신의 욕구뿐만 아니라 영혼이 새롭게 되는 것까지 의미한다. 이 사실은 에베소서 4장 22-23절에서 나타난다. "너희는 유혹의 욕심을 따라 썩어져 가는 구습을 따르는 옛 사람을 벗어 버리고 오직 너희의 심령이 새롭게 되어." 악한 열정은 악한 열망에서 나올 뿐만 아니라 악한 생각에서도 나온다.

우리는 결코 인간의 마음이 본성적으로 선하다는 착각을 해서는 안 된다. 예레미야는 사람의 마음에 대해 "만물보다 거짓되고 심히 부패한 것"(렘 17:9)이라고 정죄한다. 바울의 글에서 선지자들과 똑같은 내용을 발견한다. "의인은 없나니 하나도 없으며 깨닫는 자도 없고 하나님을 찾는 자도 없고 다 치우쳐 함께 무익하게 되고 선을 행하는 자는 없나니 하나도 없도다"(롬 3:10-12).

사도 바울은 오직 나쁜 사람들만 전혀 의가 없다고 가르치지 않았다. 그 누구도 그리스도가 없이는 스스로의 힘으로 의롭게 될 수 없다. 비록 몇 가지 죄악들은 특정한 사람들의 삶에서만 나타나지만, 그럼에도 우리는 우리 자신에게서 참된 선함을 찾을 수 없다.

물론 평생 선을 행하려고 노력하며 살았던 사람들이 있다. 선을 행하려는 그들의 끊임없는 노력은 그들 안에 어느 정도 순결함이 있다는 증거이기도 하다. 그러한 사람들 때문에 우리는 인간의 본성은 전부 부패하지 않았다고 생각하게 된다. 하지만 이들의 경우는 주님이 그들의 부패한 본성이 밖으로 터져 나오는 것을 저지한 경우이다. 그러한 미덕은 하나님으로부터 오는 은혜로서 인간의 본성에 일반적인 것은 아니다. 그러나 이러한 사람들이라도 의의 주된 요소에 있어서는 여전히 부족한데, 사람의 본분은 하나님의 영광을 추구하는 것이기 때문이다.

사람의 의지는 죄와 너무나 강하게 묶여 있어서 선을 향해 나아갈 수 없으며, 또한 선을 고수하기란 더욱 어렵다. 우리의 의지는 죄의 노예로 있다. 만일 우리가 하나님을 향해 한 걸음이라도 나아간다면, 이는 전적으로 하나님의 은혜로 인한 것이다. 예레미야는 "나를 이끌어 돌이키소서 그리하시면 내가 돌아오겠나이다"(렘 31:18)라고 말한다. 하지만 인간은 여전히 의지를 가진다. 인류가 죄에 빠졌을 때, 우리는 죄를 섬기는 자리에 처하게 되었다. 우리의 의지는 제거되지는 않았지만 병이 들었다. 우리의 의지는 기능하지만, 부패한 본성에 속한 우리의 의지는 악을 행하려 한다. 선을 행하려는 의지는 하나님의 은혜로 말미암아 주어진다.

그러므로 우리의 의지는 자유를 잃었으며 필연적으로 악을 행한다. 이는 받아들이기에 어려운 진술이다. 우리는 필연과 강요를 구분해야 한다. 예를 들어 보자. 하나님의 본성은 완전하게 선하기에 그분은 반드시 선을 행하실 수밖에 없다. 그분은 자신의 무한한 선함 때문에 악을 행하실 수 없다. 그러나 하나님은 선을 행하실 때 그분의 자유의지를 행사하신다. 마찬가지로, 인간은 필연적으로 죄를 범할 수밖에 없지만, 죄를 짓도록 강요를 당하지는 않는다. 사람들은 기꺼이 죄를 짓는다. 인간의 마음은 폭력적인 강압에 의해서가 아니라 스스로의 바람 때문에 열정적으로 죄를 향해 나아간다.

오직 은혜만이 인간 본성의 부패를 고친다. 우리 안에 하나님의 은혜가 임하면 의를 갈망하기 시작한다. 그 후 이 은혜는 우리가 끝까지 견인되도록 그 갈망을 지속시키며 강하게 만든다.

바울은 "너희 안에서 착한 일을 시작하신 이가 그리스도 예수의 날까지 이루실 줄을 우리는 확신하노라"(빌 1:6)라고 기록했다. 하나님은 단지 연약한 우리의 의지를 도우시는 것이 아니다. 우리의 의지를 변화시키신다.

성경은 다음과 같은 구절에서 인간의 의지란 매우 무가치하여 하나님이 바꾸셔야만 함을 보여 준다. "또 새 영을 너희 속에 두고 새 마음을 너희에게 주되 너희 육신에서 굳은 마음을 제거하고 부드러운 마음을 줄 것이며 또 내 영을 너희 속에 두어 너희로 내 율례를 행하게 하리니 너희가 내 규례를 지켜 행할지라"(겔 36:26-27). 인간의 의지는 제거된 것이 아니라 악한 의지에서 선한 의지로 새롭게 변화되었다. "너희 안에서 행하시는 이는 하나님이시니 자기의 기쁘신 뜻을 위하여 너희에게 소원을 두고 행하게 하시나니"(빌 2:13).

하나님은 사람의 의지를 변화시킨 후에 계속 우리 안에서 착한 일을 행하신다. 우리는 여전히 선행을 수행하는 데는 관여하지 못하고 다만 주께서 우리를 통해 일하시도록 그분을 의지해야 한다. 하나님은 인간의 의지 안에 있는 모든 선하고 옳은 것은 자신의 것이라고 주장하신다. "내가 그들에게 한 마음과 한 길을 주어 자기들과 자기 후손의 복을 위하여 항상 나를 경외하게 하고 내가 그들에게 복을 주기 위하여 그들을 떠나지 아니하리라 하는 영원한 언약을 그들에게 세우고 나를 경외함을 그들의 마음에 두어 나를 떠나지 않게 하고"(렘 32:39-40).

다윗과 솔로몬은 그들이 선으로 나아가려면 하나님이 필요하다는 사실을 깨달았다. "우리 하나님 여호와께서 …… 우리와 함께 계시옵고 …… 우리의 마음을 주께로 향하여 그의 모든 길로 행하게 하시오며"(왕상 8:57-58). 다윗은 하나님께 "하나님이여 내 속에 정한 마음을 창조하시고 내 안에 정직한 영을 새롭게 하소서"(시 51:10)라고 간구한다. 그는 오직 하나님에게서만 정한 영을 받을 수 있음을 알게 되었다.

그리스도께서는 이 진리를 더욱 분명하게 가르치셨다. "가지가 포도나무에 붙어 있지 아니하면 스스로 열매를 맺을 수 없음 같이 너희도 내 안에 있지 아니하면 그러하리라 나는 포도나무요 너희는 가지라 그가 내 안에, 내가 그 안에 거하면 사람이 열매를 많이 맺나니 나를 떠나서는 너희가 아무 것도 할 수 없음이라"(요 15:4-5). 그리스도께서 내리신 결론은 "나를 떠나서는 너희가 아무것도 할 수 없다."라는 것이다.

바울은 "너희 안에서 행하시는 이는 하나님이시니"(빌 2:13)라고 썼다. 선을 행하는 첫째 원인은 그것을 행하려는 의지이다. 둘째 원인은 그것을 성취하려는 효과적인 노력이다. 우리 안에서 착한 일을 뜻하시고 행하시는 분은 하나님이시다. 우리가 하나님이 시작하고 마치신 뜻과 행동을 우리의 것이라 주장할 때마다 우리는 하나님의 것을 도둑질하는 것이다.

사람이 회심을 경험할 때, 하나님은 그 사람에게 순종할지 또는 불순종할지 선택권을 주지 않으신다. 새롭게 된 의지는 하나님의 선택에 의해 주어지는 것이지, 사람이 그것을 구하기로 선택했기 때문에 주어지는 것이 아니다. 주님은 그분의 영으로 우리의 마음을 지시하고, 다른 방향으로 돌리고 조절하시면서 자신의 왕국을 다스리시듯 우리의 마음 안에서 다스리신다.

그렇다면 이제 하나님의 은혜를 받아들이거나 거부하는 것은 인간에게 달려 있지 않다는 사실이 입증되었다. 우리는 입증된 이 진리로부터 또 다른 진리를 세울 수 있다. 하나님이 택하신 사람은 끝까지 그리스도인의 삶을 살게 된다는 것이다. 이러한 성도의 견인은 하나님의 선물일 뿐, 인간의 공로에 대한 보상이 아니다.

은혜가 역사하는 방법은 사람의 의지를 제거하는 것이 아니라 나쁜 의지를 선한 의지로 바꾸는 것이다. 그 후 마음으로부터 순종하도록 그들의 욕구를 변화시킴으로써 그들의 변화된 의지를 돕는다. 하나님은 모든 사람에게 은혜를 주지는 않으신다. 주님의 은혜를 받은 자들은 그들의 공로나 행위에 대한 보상으로 받은 것이 아니라, 단지 거저 주시는 은총에 의해 받은 것이다. 인간이 의지로 자유롭게 선택해 은혜를 얻은 것이 아니다. 우리는 은혜에 의해서 자유를 얻게 된다.

제4장
인간의 마음 안에서 하나님이 역사하시는 방법

인간의 의지는 말(馬)과 비슷하다. 인간의 의지라는 말에는 하나님 또는 마귀가 탈 수 있다. 하나님이 타시면 우리는 옳은 길로 인도된다. 마귀가 타면 우리 앞에는 멸망밖에 없다. 육에 속한 사람은 억지로 마귀에게 순종하도록 강요당하지 않지만, 마귀의 간교함에 속아 필히 마귀를 따르며 기꺼이 순종한다.

욥기를 보면 하나의 사건에 하나님과 마귀와 사람들이 관련된 것을 볼 수 있다. 어떻게 이것이 사실일 수 있을까? 갈대아 사람들이 와서 욥의 종들을 죽이고 그의 양을 훔쳤다. 이 사건에는 서로 다른 목적 세 가지가 연관되어 있다. 주님은 욥이 인내하기를 원하셨다. 사탄의 목표는 욥을 절망으로 몰아가는 것이었다. 갈대아 사람들은 강도질을 해서 부자가 될 계획이었다. 이러한 각각의 계획이 이 한 사건과 연관되어 있었다.

주님은 사탄이 욥에게 고통을 주는 것과 갈대아 사람들을 도구로 사용하기를 허락하셨다. 사탄은 이미 부패한 갈대아 사람들의 마음을 선동해 범죄를 저지르게 했고 그들은 악한 일에 달려들어 죄를 범했다.

성경에서 하나님이 악한 자의 마음을 강퍅하게 하신다는 내용을 읽을 때, 하나님이 그들이 무슨 일을 어떻게 행할지 미리 아셨다고 말하거나, 주님의 진정한 뜻과 상반되는 사건들을 "허락하셨다."라고 말함으로써 이 내용을 설명해서는 안 된다. 여기에 대한 참된 답변은 두 가지로 설명할 수 있다.

1. 하나님이 빛을 거두시는 사람은 어둠 속에 남게 된다. 하나님의 영 없이 사람의 마음이 돌처럼 굳어 있는 것이 사실이다. 그러므로 하나님이 강퍅하게 하셨다고 말하는 것은 참이다.

2. 하나님은 사탄을 사용해 심판을 집행하신다. 악한 사람들의 의지를 간접적으로 지배하는 존재는 사탄이다.

우리는 주변을 둘러볼 때 사람들이 자신의 운명을 정한다고 생각하기 쉽다. 하지만 성경은 사람의 의지는 하나님에 의해 지배를 받는다는 사실을 보여 준다. 하나님은 이스라엘이 애굽을 떠나기 직전 애굽 사람들이 그들의 가장 귀한 보물들을 이스라엘 백성에게 주도록 설득하셨다(출 12:35-36). 야곱은 하나님이 그분의 계획에 따라 사람들의 마음을 바꾸시는 것을 알고는 그의 아들에게 말했다. "전능하신 하나님께서 그 사람 앞에서 너희에게 은혜를 베푸사 그 사람으로 너희 다른 형제와 베냐민을 돌려보내게 하시기를 원하노라 내가 자식을 잃게 되면 잃으리로다" (창 43:14)

제5장
각 사람이 자유의지를 가진다는 주장에 대한 대답들

1. 사람들은 만일 어떤 사람이 필연적으로 죄를 지을 수밖에 없다면 그것은 실제로는 죄가 아니라고 말한다. 오직 사람이 죄 짓기를 피할 수 있는 자유의지를 가졌을 때에만 죄가 성립한다는 것이다.

    사람이 죄를 필연적으로 짓게 된다고 해서 죄를 핑계할 수는 없다. 또한 죄는 자발적이기에 사람이 죄를 피할 수 있다고 말하는 것도 타당하지 않다. 우리의 의지는 부패한 상태로 지어진 것이 아니며 인간 자신에 의해 부패했다. 그러므로 인간의 의지가 죄에 굴복한 것은 결코 죄가 아니라고 핑계할 수 없다. 아담은 자기 스스로 마귀에게 굴복했고 그 이후로 인류는 죄에 속박되었다.

이 주장은 또한 의향과 자유를 혼동하고 있다. 필자는 이미 선과 악 사이에서 선택할 자유가 전혀 없는 자들이 자발적으로 어떤 일을 행하는지 알려 주었다.

2. 만일 사람이 선이나 악을 택할 수 없다면 사람들을 처벌하거나 상을 주는 것은 공정하지 않다는 주장이 있다.

그러나 죄인은 죄에 대한 책임을 지니므로 하나님이 그를 벌하시는 것은 매우 공정하다. 죄를 짓는 자는 자발적으로 짓는 것이기에 그가 자유로운 마음으로 짓든, 속박된 상태에서 짓든 문제가 되지 않는다. 상을 받는 것은 단지 하나님의 자비일 뿐이지 우리의 공로로 인한 것이 아니다. 우리에게 마땅한 것은 오직 형벌 밖에 없다. 그러나 하나님은 우리에게 마땅한 형벌을 내리는 대신 받을 자격이 없는 은혜를 부으신다.

3. 어떤 사람은 사람들에게 순종할 능력이 없다면 그들에게 권면하거나 경고할 수 없다고 말한다.

그러나 "나를 떠나서는 너희가 아무 것도 할 수 없음이라"(요 15:5)라고 말씀하신 그리스도께서는 여전히 악행을 책망하고 선행을 장려하신다. 바울은 고린도 교인들이 사랑이 부족하다고 책망하면서 주님이 그들에게 사랑을 주시기를 간절히 기도한다.

권면은 두 가지 방법으로 쓰인다. 첫째, 권면을 받았으나 거절한 자에게 그 권면은 그리스도의 심판대 앞에서 증거로 쓰인다. 그들은 자신의 강퍅한 마음을 탓해야 할 것이다. 둘째, 권면은 신자들에게 큰 도움을 준다. 하나님은 그분의 말씀을 사용해 주의 권면에 순종하는 데 필요한 은혜를 받게끔 우리를 준비시키신다. 물론 권면은 사람들의 죄를 책망하는 데 유용한 과정이다. 권면은 우리에게 선한 것을 바라게 하며, 나태에서 벗어나게 하고 또한 죄를 미워하게 한다.

4. 어떤 사람은 하나님이 우리에게 거룩을 명하시고 죄를 금하시는 것은 우리를 조롱하는 것이 아니냐고 말한다. 아니라면 그분이 명하시는 것을 행할 능력이 우리에게 있어야 한다고 주장한다.

이러한 일반적인 그릇된 생각은 율법의 속성에 대한 무지에서 비롯된다. 바울의 글을 보면, 우리가 비록 지킬 수는 없지만 죄가 무엇인지 알게 하고자 율법이 주어졌다고 말한다. "율법은 무엇이냐 범법하므로 더하여진 것이라"(갈 3:19). "율법으로는 죄를 깨달음이니라"(롬 3:20). "율법으로 말미암지 않고는 내가 죄를 알지 못하였으니"(롬 7:7). "율법이 들어온 것은 범죄를 더하게 하려 함이라"(롬 5:20).

사람은 감각이 없는 돌이 아니다. 하나님이 그분의 율법을 주신 데는 어떤 목적이 있다. 불신자들은 적어도 율법을 통해 하나님이 그들의 정욕을 미워하신다는 사실을 배운다. 사람들이 의롭게 사는 것은 불가능함을 율법에서 배우고 하나님의 은혜의 피난처로 달려간다면 율법은 가장 확실하게 사용된 것이다. 어거스틴은 "하나님은 우리가 행할 수 없는 것을 명하심으로 우리가 무엇을 구해야 할지 알게 하신다."라고 말했다. 하나님은 그분의 소유가 된 우리에게 무엇이든 원하는 대로 명하시며, 또한 명하신 그것을 우리에게 얼마든지 주신다.

5. 어떤 성경 구절들은 마치 사람이 자유의지를 가진 것처럼 말한다. 예를 들면, "너희는 살려면 선을 구하고 악을 구하지 말지어다"(암 5:14). "여호와께서 이르시되 이스라엘아 네가 돌아오려거든 내게로 돌아오라"(렘 4:1) 등이다.

그러나 분명한 것은 이러한 구절들에 대한 바른 이해는 하나님은 공의로 행하신다는 사실이다. 즉, 하나님은 악한 자에게 그들이 악행을 버리지 않는 한 주의 은혜를 받을 수 없다는 사실을 말씀하신 것이다. 하나님은 오직 참된 예배자에게 복을 주시며 악한 자들은 그 복으로부터 제외시키신다. 이는 공평한 처사이다. 그럼에도 하나님이 위 구절들처럼 말씀하시는 데에는 충분한 이유가 있다. 하나님이 어떤 명령에 약속을 더 하시는 것은 그 약속의 감미로움으로 우리의 게으른 성품을 자극하기 위함이다.

6. 성경은 우리의 선행을 우리의 것으로 묘사한다. 어떤 사람은 만일 하나님이 우리가 선행을 하도록 우리를 통해 역사하신 것이라면 그러한 선행은 우리의 것이 아니라고 주장한다.
하지만 필자가 다시 말하는 것은 하나님은 우리를 돌처럼 대하지 않으신다는 사실이다. 사람은 받아들일지 거부할지, 기꺼이 할지 억지로 할지, 협조할지 거절할지 택할 본성적인 능력이 있다. 사람은 허망한 것을 받아들이고 참된 것을 거절할 수 있으며, 의도적으로 나쁜 짓을 할 수 있고, 억지로 착한 일을 할 수도 있다. 의를 거부하고 악을 행하려고 노력할 수 있다. 하지만 사람의 의지가 새롭게 되면, 그들은 성령님이 그들 안에서 역사하실 때 성령을 따라 행하게 된다. 이는 그들의 뜻이 성령님의 뜻과 같기 때문이다.

제6장
우리는 타락한 사람들로서
그리스도 안에서 구원을 얻어야 한다

인간은 모두 부패한 상태이기에 구세주이신 그리스도에 의해 변화되기 전에는 수치스러운 일만 할 것이다. 우리가 하나님이 아버지라는 사실을 알게 되더라도, 우리의 양심이 우리에게는 그분의 자녀가 될 자격이 없음을 말해 준다. 우리는 그리스도의 죽음을 통해서만 주의 자녀가 될 수 있다. "영생은 곧 유일하신 참 하나님과 그가 보내신 자 예수 그리스도를 아는 것이니이다"(요 17:3). 그 누구도 그리스도의 중보 없이는 하나님의 자녀가 될 수 없다. "영접하는 자 곧 그 이름을 믿는 자들에게는 하나님의 자녀가 되는 권세를 주셨으니"(요 1:12).

구약 시대의 백성들은 오실 메시아 곧 그리스도를 바라보도록 교훈을 받았다. 그리스도를 언급하는 구절을 두 군데만 들어 보겠다. "보라 처녀가 잉태하여 아들을 낳을 것이요"(사 7:14). "내가 한 목자를 그들 위에 세워 먹이게 하리니 그는 내 종 다윗(다윗의 후손인 그리스도를 의미함)이라 그가 그들을 먹이고 그들의 목자가 될지라 나 여호와는 그들의 하나님이 되고"(겔 34:23-24). 예수 그리스도를 통하지 않고는 하나님을 아는 구원의 지식을 얻을 수 없었다. 또한 앞으로도 결코 없을 것이다.

제7장
율법의 목적

율법을 포함한 구약 언약 전체는 하나님을 앙망하도록 격려한다. 구약은 진리를 보여 주지만 임시적이었다. 하나님은 동물의 기름 타는 냄새를 정말로 원하신 것은 아니었다. 동물의 피가 실제로 죄를 제거할 수 있는 것도 아니었다. 구약 초기에 해당하는 사무엘상 15장 22절을 보면 사람들은 "순종이 제사보다 낫고 듣는 것이 숫양의 기름보다 나으니"라는 말씀을 들었다. 이사야는 모든 죄는 한 번의 제사에 의해 속죄되어야 한다고 약속했다(사 53:5-6). "그리스도는 모든 믿는 자에게 의를 이루기 위하여 율법의 마침이 되시니라"(롬 10:4).

도덕법은 우리가 하나님 앞에서 죄인이라는 사실을 보여 준다. 만일 우리가 도덕법을 완벽하게 지킬 수 있다면 우리는 영생을 얻을 것이다. 그러나 아무도 그 율법을 온전하게 지킬 수 없다는 사실에서 율법의 연약함이 드러난다. 가장 위대한 성자라도 온 마음과 생각과 영혼과 힘을 다해 하나님을 사랑하지는 못했다. 솔로몬은 "선을 행하고 전혀 죄를 범하지 아니하는 의인은 세상에 없다"(전 7:20; 왕상 8:46)라고 말했다.

도덕법은 세 가지 주요 목적을 가진다. 첫 번째 목적은 하나님의 의를 보여 준다. 동시에 이와 대조적으로 우리의 사악함은 정죄받기에 합당하다는 사실을 보여 준다. 바울은 "율법으로 말미암지 않고는 내가 죄를 알지 못하였으니 곧 율법이 탐내지 말라 하지 아니하였더라면 내가 탐심을 알지 못하였으리라"(롬 7:7)라고 말한다. 바울은 앞에서 "율법으로는 죄를 깨달음이니라"(롬 3:20)라고 설명했다. 율법은 우리가 얼마나 사악하며 또한 어떻게 항상 죄로 향하는지 거울처럼 보여 준다. 그는 뒷부분에서 "하나님이 모든 사람을 순종하지 아니하는 가운데 가두어 두심은" 모든 사람을 멸하거나 모든 사람을 멸망 가운데 내버려 두려는 것이 아니라, "모든 사람에게 긍휼을 베풀려 하심"(롬 11:32)이라고 설명한다.

두 번째 목적은 강요받지 않는 한 옳고 그름을 신경 쓰지 않는 자들을 제지하는 것이다. 그들의 마음은 변하지 않았으나, 그들이 죄를 범하지 못하도록 율법이 막는다. 하나님은 이런 식으로 사람들을 저지하시는데, 그렇지 않다면 세상은 끝없는 싸움과 소요의 장소가 될 것이다.

세 번째 목적은 하나님이 신자들 안에 살며 그들을 다스리시기 위함이다. 율법은 신자들이 날마다 하나님의 속성과 그들이 알기를 바라는 주님의 뜻에 대해 좀 더 알 수 있도록 돕는다. 더욱이 신자들은 교훈뿐만 아니라 격려도 필요한데, 그들이 하나님의 율법을 읽고 공부할 때 그들은 순종을 격려받으며, 또한 마음이 힘을 얻으면서 쉽게 악한 길에 빠지지 않게 된다. 시편 기자는 "여호와의 율법은 완전하여 영혼을 소성시키며 여호와의 증거는 확실하여 우둔한 자를 지혜롭게 하며 여호와의 교훈은 정직하여 마음을 기쁘게 하고 여호와의 계명은 순결하여 눈을 밝게 하시도다"(시 19:7-8)라고 썼다. "주의 말씀은 내 발에 등이요 내 길에 빛이다"(시 119:105).

제8장
도덕법

하나님이 율법을 통해 그분의 의의 기준을 알려 주시면, 우리는 겸손해져 하나님을 경배하게 된다. 주님은 우리에게 명령할 권한이 있다는 사실을 언급하시면서 마땅히 주를 경배하라고 우리를 부르신다. 또한 선에 대한 기준을 보여 주시면서 우리의 불의함과 우리에게는 의를 행할 능력이 없음을 알려 주신다. 하지만 우리는 주님이 우리가 의를 따르기 바라신다는 사실도 배우게 된다.

우리는 우리의 불의에 대한 공의로운 결과인 영벌에 두려움을 느낄 때 하나님께 자비를 구하게 된다. 또한 주님은 이미 자비를 베푸셨으며 놀라운 사랑과 감미로운 약속으로 우리를 그분께 이

끄셨다는 사실도 발견하게 된다. 우리가 가진 모든 것은 그분의 것이다. 따라서 우리가 그분께 우리 자신을 드리더라도 단지 빚을 갚는 것이다. 주님은 우리에게 이생과 내세에서 복을 받으리라고 약속하셨다. 주님은 악한 자들이 이생에서는 어려움을, 내세에서는 영원한 죽음을 당하게 될 것이라고 경고하셨다.

율법은 우리에게 쉽게 눈에 띄는 외적인 선함뿐만 아니라 영적인 의도 요구한다. 이 땅의 왕의 명령과는 다르다. 이 땅의 왕은 음행과 살인 또는 도둑질 등을 금할 수 있지만 단지 외적인 행동만 금할 수 있다. 하지만 모든 것을 다 아시는 하나님이 음행과 살인 또는 도둑질을 금하실 때는 음욕과 미움 또는 탐심처럼 마음과 생각까지 금하신다.

도덕법(출애굽기 20장)은 의도에 따라 두 부분으로 나뉜다. 앞부분은 사람과 하나님과의 관계를 다루는데 이는 모든 의의 바탕이다. 뒷부분은 사람과 사람 사이의 관계를 다룬다. 그리스도는 온 율법을 두 부분으로 요약하신다. "네 마음을 다하고 목숨을 다하고 뜻을 다하여 주 너의 하나님을 사랑하라 하셨으니 이것이 크고 첫째 되는 계명이요 둘째도 그와 같으니 네 이웃을 네 자신 같이 사랑하라 하셨으니 이 두 계명이 온 율법과 선지자의 강령이니라"(마 22:37-40).

도덕법의 첫째 부분

첫째 계명은 "나는 너를 애굽 땅, 종 되었던 집에서 인도하여 낸 네 하나님 여호와니라 너는 나 외에는 다른 신들을 네게 두지 말라"(출 20:2-3)이다.

하나님은 "여호와"(주)라는 이름으로 권위를 요구하신다. 그분은 스스로 존재하시며 만물 위에 뛰어나시고 모든 만물을 붙들고 계신다. 그분은 친히 행하신 자비로운 일들을 언급하시면서 순종을 권하신다. 그 후 하나님께 합당한 온전한 예배와 신뢰, 기도와 감사를 명하신다. "나 외에는" 이라는 표현은 다른 신들을 섬기는 우상 숭배가 주께 모독이 된다는 사실을 분명하게 나타내고 있다. 하나님 앞에서 우상을 세우는 것은 마치 간음한 여인이 애인을 남편 앞에 데려와서 남편의 불타는 질투를 불러일으키듯이 주의 질투를 불러일으킨다.

둘째 계명은 "너를 위하여 새긴 우상을 만들지 말고 또 위로 하늘에 있는 것이나 아래로 땅에 있는 것이나 땅 아래 물 속에 있는 것의 어떤 형상도 만들지 말며 그것들에게 절하지 말며 그것들을 섬기지 말라"(출 20:5-6)이다. 주님은 우리가 헤아릴 수 없는 하나님을 보이는 물질의 형태로 만들기를 금하신다. 그분은 우리가 어떤 종류이든 형상에게 절하는 것을 금하신다. 우리 하나님은 그 어떤 경쟁 대상도 허락하지 않으신다.

셋째 계명은 "너는 네 하나님 여호와의 이름을 망령되게 부르지 말라"(출 20:7)이다. 우리는 이 계명에서 하나님의 이름과 그분의 위엄을 가장 거룩하게 여겨야 한다고 배운다. 우리는 언제나 하나님과 신령한 비밀들에 대해 경외하는 자세로 생각하고 말해야 한다.

넷째 계명은 "안식일을 기억하여 거룩하게 지키라"(출 20:8)이다. 이 명령을 주신 데는 세 가지 이유가 있다. 주님의 백성은 자신이 일하기를 멈추고 하나님이 그들을 통해 일하시게 해야 함을 기억해야 한다. 그들은 그날에 함께 모여 율법을 듣고 하나님이 행하신 일을 묵상해야 한다. 그날에는 육신적인 유익을 구하는 일을 멈추고 안식을 취하며 예배를 드려야 한다.

도덕법의 둘째 부분

다섯째 계명은 "네 부모를 공경하라"(출 20:12)이다. 하나님은 우리에게 우리의 부모와 우리 위에 세운 자들을 공경하라고 요구하신다. 우리는 그들에게 순종해야 한다.

여섯째 계명은 "살인하지 말라"(출 20:13)이다. 우리는 다른 사람에게 해를 끼쳐서는 안 되며 다른 사람의 안전도 신경 써야 한다. 우리는 마음으로 다른 사람을 미워해도 안 된다. "그 형제를 미워하는 자마다 살인하는 자니"(요일 3:15).

일곱째 계명은 "간음하지 말라"(출 20:14)이다. 우리의 삶 전체가 순결과 깨끗한 삶의 원칙에 의해 다스림을 받아야 한다.

여덟째 계명은 "도둑질하지 말라"(출 20:15)이다. 만일 우리가 이 명령에 순종하기를 원한다면 현재 삶의 상황에 만족해야 한다. 우리는 합법적인 방법으로 정직하게 얻는 것이 아니라면 그 어떤 것도 얻으려고 해서는 안 된다.

아홉째 계명은 "네 이웃에 대하여 거짓 증거하지 말라"(출 20:16)이다. 하나님은 진리이시기에 거짓을 미워하신다. 우리 역시 언제나 서로를 진실하게 대해야 한다. 우리는 비방과 수군거림으로 우리의 이웃에게 해를 끼쳐서는 안 된다.

열째 계명은 "네 이웃의 집을 탐내지 말라 네 이웃의 아내나 그의 남종이나 그의 여종이나 그의 소나 그의 나귀나 무릇 네 이웃의 소유를 탐내지 말라"(출 20:17)이다. 하나님은 이웃에게 해를 끼치려는 악한 마음과 생각을 갖지 말라고 하신다. 우리의 모든 생각과 바람은 이웃에게 최고의 덕을 끼치는 일과 맞아야 한다.

이 명령들은 우리가 하나님의 순결한 기준에 따라 변화되어 하나님과 우리의 이웃을 사랑하라고 요구한다. 그리스도께서는 '이웃'이라는 단어에 넓은 의미를 부여하셨다. 선한 사마리아인 비유는 우리의 이웃은 동료뿐만 아니라 이방인과 나그네도 포함된다고 가르친다. "무엇이든지 남에게 대접을 받고자 하는 대로 너희도 남을 대접하라 이것이 율법이요 선지자니라"(마 7:12). 이것이 율법에 대한 그리스도의 요약이었다. 바울은 우리의 관심과 노력을 요하는 또다른 요약을 제시한다. "온 율법은 네 이웃 사랑하기를 네 자신 같이 하라 하신 한 말씀에서 이루어졌나니"(갈 5:14). 그리스도 역시 이를 가르치셨다.

분명히 할 것이 또 한 가지 있다. 어떤 죄악들, 즉 잠깐 스치는 탐심 등은 다른 죄악들처럼 나쁜 것이 아니기에 그러한 죄에 대한 형벌은 죽음이 아니라고 가르치는 사람들이 있다. 그러나 성경은 "죄의 삯은 사망"(롬 6:23)이라고 말한다. 이 구절은 일부 어떤 죄가 아니라 모든 죄를 가리키는 것이 분명하다. 그리스도께서는 "누구든지 이 계명 중의 지극히 작은 것 하나라도 버리고 또 그같이 사람을 가르치는 자는 천국에서 지극히 작다 일컬음을 받을 것"(마 5:19)이라고 가르치셨다.

제9장
그리스도는 구약 시대에도 알려져 있었지만, 충분히 계시되지는 않았다

하나님이 이스라엘 백성에게 죄를 위해 희생 제사를 드리라고 지시하셨을 때 목적이 있으셨다. 그 목적은 희생 제사를 통해 그들로 하여금 죄를 위한 최종 희생이 되실 그리스도의 오심을 바라보도록 가르치려는 것이었다. 우리는 베드로전서 1장 10절을 통해 이 사실을 알게 된다. "이 구원에 대하여는 너희에게 임할 은혜를 예언하던 선지자들이 연구하고 부지런히 살펴서." 그리스도께서는 제자들에게 이렇게 말씀하셨다. "그러나 너희 눈은 봄으로, 너희 귀는 들음으로 복이 있도다 내가 진실로 너희에게 이르노니 많은 선지자와 의인이 너희가 보는 것들을 보고자 하여도 보지 못하였고 너희가 듣는 것들을 듣고자 하여도 듣지 못하였느니라"(마 13:16-17).

구약에서 발견되는 거저 주시는 죄 사함의 약속은 신약에서의 복음을 미리 보여 준다. 복음은 하나님의 능력을 따라 받는 것으로 "하나님이 우리를 구원하사 거룩하신 소명으로 부르심은 우리의 행위대로 하심이 아니요 오직 자기의 뜻과 영원 전부터 그리스도 예수 안에서 우리에게 주신 은혜대로 하심이라 이제는 우리 구주 그리스도 예수의 나타나심으로 말미암아 나타난"(딤후 1:9-10) 것이다. 바울은 하나님이 그리스도 안에서 이전에 약속하신 것을 주셨다고 말한다.

구약의 율법과 신약의 복음의 차이점은 율법은 행함으로 얻은 의에 기초한 합의인 반면, 복음은 사람의 행함과 무관하게 믿음으로 받은 의에 기초한 합의이다. 하지만 이 사실이 율법이 무효

화되었다는 뜻은 아니다. 도리어 율법은 더욱 확실해졌다. 의식법은 그리스도의 사역에 의해 축소된 것이 아니라 도리어 성취되었다. 제사는 피를 흘림으로 죄를 없애는 상징이었지만, 그리스도의 죽음은 단지 상징이 아니라 실제로 죄를 없애버렸다.

제10장
구약성경과 신약성경의 유사점

구약성경과 신약성경은 똑같은 메시지를 선포한다. 하지만 메시지를 가르치는 방법에 있어서 차이가 난다. 하나님은 세 가지 방법에 있어서 모든 신자들을 다루는 똑같은 방법으로 이스라엘 백성을 다루셨다.

1. 이스라엘 백성을 하나님과 화목하게 한 합의는 그들 자신의 공로가 아니라 그들을 부르신 하나님의 자비에 철저하게 근거한 것이었다.

2. 이스라엘 백성은 그리스도, 곧 기름 부음을 받으신 분을 그들에게 구원을 주실 중보자로 알았다. 이 사실은 앞에서 이미 입증되었다(제2권 제9장을 보라).

3. 유대인들에게 주어진 목표는 모든 신자들에게 주어진 목표와 같다. 그 목표는 이생에서의 행복과 부귀가 아니라 영생에 대한 소망이다.

사도 바울은 그가 전파한 복음이 "하나님이 선지자들을 통하여 그의 아들에 관하여 성경에 미리 약속하신 것"(롬 1:2)이라고 언급한다. 그는 복음이 가르치는 믿음에 의한 의에 대해 "율법과 선지자들에게 증거를 받은 것"(롬 3:21)이라고 말한다.

하나님이 맺으신 자기 백성과의 합의는 "나는 너희 중에 행하여 너희의 하나님이 되고 너희는 내 백성이 될 것이니라"(레 26:12)라는 것이었다. 만일 이스라엘 백성이 하나님의 백성이 되려면 주님이 주시는 생명과 복과 구원에 참여해야 한다. 하나님은 자기 백성이 이생의 행복만을 누리도록 의도하시지 않았다. 하나님은 그들을 죽음에서 구출하시고 그분의 영원한 자비로 보존하신다.

선지자들 역시 하나님의 인도하심 아래 이 사실을 믿고 기록했다. "대저 여호와는 우리 재판장이시요 여호와는 우리에게 율법을 세우신 이요 여호와는 우리의 왕이시니 그가 우리를 구원하실 것임이라"(사 33:22). 그렇다. 이사야는 하나님께 영생을 기대할 수 있다는 사실을 알았다. 하박국 역시 하나님이 영생을 주신다는 사실을 알았다. "여호와 나의 하나님, 나의 거룩한 이시여 주께서는 만세 전부터 계시지 아니하시니이까 우리가 사망에 이르지 아니하리이다"(합 1:12).

이스라엘 백성 역시 이 땅에서의 복락만을 바라보았다고 말할 수 없다. 이 사실은 그들의 몇몇 지도자의 삶을 생각할 때 알 수 있다. 아브라함은 가장 많은 복을 받았다고 느꼈을 때에도 하나님이 그를 위해 마련하신 최고의 복을 얻었다고 생각하지는 않았다. "믿음으로 그가 이방의 땅에 있는 것 같이 약속의 땅에 거류하여 동일한 약속을 유업으로 함께 받은 이삭 및 야곱과 더불어 장막에 거하였으니 이는 그가 하나님이 계획하시고 지으실 터가 있는 성을 바랐음이라"(히 11:9-10). "이 사람들은 다 믿음을 따라 죽었으며 약속을 받지 못하였으되 그것들을 멀리서 보고 환영하며 또 땅에서는 외국인과 나그네임을 증언하였으니 …… 그들이 이제는 더 나은 본향을 사모하니 곧 하늘에 있는 것이라 이러므로 하나님이 그들의 하나님이라 일컬음 받으심을 부끄러워하지 아니하시고 그들을 위하여 한 성을 예비하셨느니라"(히 11:13, 16).

하나님은 이스라엘 백성에게 음식과 즐거움과 재물과 권세를 약속하셨고, 또한 영생을 약속하셨다.

제11장
구약성경과 신약성경의 차이점

구약성경과 신약성경 모두가 하나님의 은혜를 계시하지만 둘 사이에는 몇 가지 차이가 있다. 그 차이는 하나님이 그분의 은혜를 베푸시는 방법에서 나타난다.

1. 구약에서는 하나님이 그분의 백성에게 이 땅의 복락을 통해 하늘의 기업을 미리 맛보도록 하심으로써 그것을 생각하게 하셨다. 하지만 이제 우리는 하늘의 기업에 대한 세속적인 맛보기가 없더라도 주님이 우리에게 주신 복음을 통해 하늘의 복락을 기대할 수 있다.

2. 구약에서는 장래의 것들을 알려 주는 모형과 예표들이 있었다. 성전에서 드려졌던 희생 제사들이 상징하던 바는 그리스도께서 친히 희생양으로 죽으심으로 성취되었다. 구약에서의 모든 희생 제사들은 그리스도의 죽음을 설명한다. 그러므로 구약과 신약의 차이는 바로 이것이다. 구약에는 모형과 상징들이 있었지만 신약에서는 그것들이 성취되었다. 이제 우리는 완성된 실체를 가지고 있기에 더는 상징들을 붙들지 않는다.

3. 구약에서는 율법이 돌에 새겨졌다. 율법은 비 인격체였으며 사람들이 지키기란 불가능했다. 하지만 신약에서는 주님이 친히 주의 율법을 우리 심령 가운데 새겨 놓으셨다. 그리고 그것을 지킬 수 있도록 은혜를 주신다(렘 31:31-34를 보라). "내가 나의 법을 그들의 속에 두며 그들의 마음에 기록하여 나는 그들의 하나님이 되고 그들은 내 백성이 될 것이라 여호와의 말씀이니라 그들이 다시는 각기 이웃과 형제를 가르쳐 이르기를 너는 여호와를 알라 하지 아니하리니 이는 작은 자로부터 큰 자까지 다 나를 알기 때문이라"(렘 31:33-34).

4. 구약은 종의 언약이지만, 신약은 자유인의 언약이다. 바울은 이 사실을 로마서 8장 15절에서 언급한다. "너희는 다시 무서워하는 종의 영을 받지 아니하고 양자의 영을 받았다". 율법은 양심이 가책을 받도록 찌르지만, 신약의 복음은 믿는 자의 양심을 자유하게 하고 그의 마음을 기쁨으로 채워준다.

5. 하나님은 그리스도께서 육체로 오시기 전까지는 오직 한 민족을 택하시고 그들만을 자기 백성으로 대하셨다. 신명기 10장 15절에서 모세는 이 사실을 이스라엘 백성에게 설명한다. "여호와께서 오직 네 조상들을 기뻐하시고 그들을 사랑하사 그들

의 후손인 너희를 만민 중에서 택하셨다."

하나님은 이스라엘 백성과 언약을 맺으신 후 그들에게 많은 특혜를 주셨고 심지어 그들과 함께하셨다. 주님은 이스라엘을 사랑받는 아이처럼 자상하게 대하셨다. 다른 나라들은 이방인 대우를 받으며 하나님께 나아가는 것이 차단되었다. 다른 모든 나라들은 죄 가운데 있었지만 이스라엘은 하나님의 의해 거룩하게 되었다.

그러나 하나님과 사람 사이의 중보자이신 그리스도께서 나타나셨을 때, 다른 나라들이 복락의 자리에 들어가는 것을 막았던 벽이 무너졌다. 그러자 하나님은 그분으로부터 멀리 있었던 백성에게 평화를 선포하셨다. 그 이후부터 유대인과 이방인 사이에는 전혀 차별이 없다. 모든 족속 가운데 택한 자들은 하나님과 화목하게 되었으며 한 백성으로 자라게 되었다. 그리스도는 이방인들을 열등 계급의 시민으로 천국에 들어가도록 허락하신 것이 아니라, 그들에게 온전한 특권을 주셔서 유대인이든 이방인이든 아무런 차별이 없게 하셨다. "너희는 유대인이나 헬라인이나 종이나 자유인이나 남자나 여자나 다 그리스도 예수 안에서 하나이니라"(갈 3:28).

우리는 하나님이 사람을 대하시는 방법이 달라졌으니 하나님께 모순이 있다고 비난할 수 없다. 마치 농부가 겨울에는 이 일을 하다가 여름에는 다른 일을 하듯이 하나님은 다른 상황에서 다른 방법으로 역사하신다. 주님은 땅끝까지 이르러 자신의 소유로 삼으시며 "바다에서부터 바다까지와 강에서부터 땅끝까지" 다스리실 것이다(시 72:8; 시 2:8).

제 12 장
그리스도께서는 중보자가 되기 위해 사람이 되셔야만 했다

하나님과 사람 사이에서 중보의 일을 감당할 분은 하나님이시며 또한 사람이셔야 한다.

우리의 죄는 하나님과 우리를 분리시키는 두터운 구름과 같아서 우리를 하나님 나라에 들어가지 못하도록 막았다. 그래서 우리에게는 죄의 구름으로 막혀 있지 않은 중보자가 필요했다. 인간은 하나님께 나아갈 수 없었다. 따라서 하나님의 아들이 죄 없는 사람으로 오셨다. 그분은 죄가 없으셨기에 하나님께 나아갈 수 있었고 또한 순결한 사람으로서 주님 앞에 설 수 있으셨다.

우리는 가망이 없었다. 우리의 더러움과 하나님의 무한한 순결 사이에 있는 커다란 간격을 메우려면 기적이 필요했다. 성육신의 기적을 통해 하나님의 신성은 우리의 인성과 연합했다.

설사 인류가 죄를 범하지 않았더라도 인간의 지위는 너무 낮아서 창조주이신 하나님께 다가갈 수 없었을 것이다. 그런데 심지어 우리는 조상에게 물려받은 부패와 자신의 죄로 물든 삶 때문에 하나님의 보좌 앞에 나아갈 권한을 전혀 갖지 못했다. 그러니 사람을 대표해 하나님께 나아가 우리의 중보자로서 활동할 수 있는 분이 있다는 사실이 얼마나 놀라운가! "하나님은 한 분이시요 또 하나님과 사람 사이에 중보자도 한 분이시니 곧 사람이신 그리스도 예수라"(딤전 2:5). 이 진술은 히브리서에서 좀 더 자세히 설명된다. "우리에게 있는 대제사장은 우리의 연약함을 동정하지 못하실 이가 아니요 모든 일에 우리와 똑같이 시험을 받으신 이로되 죄는 없으시니라"(히 4:15).

중보자의 사역은 특별한 특징을 지녔다. 그분은 우리를 하나님과 화목하게 하셨을 뿐 아니라 사람의 자녀를 하나님의 자녀로 만드심으로써 하나님의 권속이 되게 하셨다. 하나님의 아들이며 동시에 사람의 아들이신 예수 그리스도는 물론 이 일을 하실 수 있는 유일한 분이셨다. 그분은 하나님의 백성을 자기 형제들로 만드셨기에 "내가 내 아버지 곧 너희 아버지, 내 하나님 곧 너희 하나님께로 올라간다"(요 20:17)라고 말씀하실 수 있었다. 그 후 하나님의 아들이신 분의 형제들은 그분께 속한 하나님 나라를 유업으로 받는 영광을 얻었다. 만일 우리가 그분의 형제라면 우리는 틀림없이 그 기업을 유업으로 받는 상속자들이다. "자녀이면 또한 상속자 곧 하나님의 상속자요 그리스도와 함께 한 상속자니"(롬 8:17).

인류가 불순종으로 말미암아 타락한 탓에 그리스도께서는 반드시 사람이 되셔야 했다. 그리스도께서는 인간으로서 하나님께 순종하심으로써 하나님의 공의를 만족시키셨으며 인류의 죄로 인한 죗값을 치르셨다. 만일 그리스도께서 사람이 아니고 오직 하나님이시기만 했다면, 그분은 죽음을 경험하실 수 없었을 것이다. 만일 그리스도께서 하나님이 아니시고 단지 사람이기만 하셨다면, 그분은 죽음을 이기실 수 없었을 것이다. 이에 대한 해답은 신성에 인성이 연합되는 것이었다. 그러므로 그리스도께서는 그분의 인성으로 죽음을 당하셨고 그분의 신성의 능력으로 죽음과 싸워 우리를 위해 승리하셨다.

사람이자 하나님이신 그리스도에 의해 우리는 구속을 받았다. 그런데 그분이 사람이 되셔야만 했던 또 다른 여러 중요한 이유들이 있다. 그리스도께서는 생명 그 자체이시기에 죽음을 삼킬 능력을 갖고 계셨다. 그분은 의로움 그 자체이시기 때문에 죄를 정복할 능력을 갖고 계셨다. 그분은 세상보다 더 강하시고 공중의 권세들보다 더 강하시기에 이 세상과 마귀의 능력을 정복할 권세를 갖고 계셨다.

그리스도는 오직 사람일 뿐이라고 말하거나 또는 오직 하나님이실 뿐이라고 말하는 자들은 심각한 오류를 범하는 죄를 짓는 것이다. 그분을 단지 사람으로만 말하는 것은 그분의 영광을 제거하는 것이다. 그분은 단지 하나님이실 뿐, 사람이 아니라고 말하는 것은 그분으로부터 그분의 위대한 사랑과 겸손을 제거하는 것이다. 우리는 사람이자 하나님이신 그리스도 없이는 죄 사함을 전혀 받을 수 없다. 그러므로 그러한 그릇된 교리를 가르치는 선생들은 사람들에게서 믿음의 기반을 빼앗는 것이다.

제13장
그리스도께서는 참 사람이셨다

우리는 이미 그리스도께서 하나님이시라는 분명한 증거들을 보았다. 이제 그분이 중보자가 되기 위해 사람이 되신 것을 상고해 보도록 하자.

과거에 어떤 사람들은 이 땅에서의 그리스도의 몸은 단지 환상이었으며 실제로는 사람의 몸을 가지지 않았다고 생각했다. 또 다른 사람들은 "(그리스도께서) 사람들과 같이 되셨고 사람의 모양으로 나타나사"(빌 2:7-8)와 같은 성경 구절을 보고 이는 그리스도의 몸이 사람의 몸이 아니라 하늘의 몸이었다는 뜻이라고 생각했다. 그러나 이는 이 구절을 잘못 해석한 것이다. 바울은 여기서 그리스도의 몸의 특성을 말한 것이 아니다. 그분은 신성의 영광을 드러낼 권한을 가지셨으나 겸손히 자신을 사람으로 나타내셨음을 보여 주는 것이다.

성경에는 그리스도가 참으로 사람이셨다는 사실을 알려 주는 구절이 많다. 그분은 처녀의 몸에서 잉태되어 다른 모든 사람들과 같은 방법으로 이 땅에 오셨다. 그분은 "아브라함과 다윗의 자손 예수 그리스도"(마 1:1)로, 또는 "육신으로는 다윗의 혈통에서 나셨고"(롬 1:3)와 같이 사람의 후손으로 묘사된다. 그리스도께서도 친히 자신을 인자(Son of man)라고 부르셨다.

바울은 "때가 차매 하나님이 그 아들을 보내사 여자에게서 나게 하시고 율법 아래에 나게 하신 것은 율법 아래에 있는 자들을 속량하시고"(갈 4:4-5)라고 말한다. 그리스도께서 구속하실 사람들은 율법 아래 있었다. 그분은 그들을 구속하기 위해 율법 아래 계셔야 하셨고, 따라서 사람이 되셔야 했다. 히브리서 2장 14절은 같은 내용을 가르친다. "자녀들은 혈과 육에 속하였으매 그도 또한 같은 모양으로 혈과 육을 함께 지니심은 죽음을 통하여 죽음의 세력을 잡은 자 곧 마귀를 멸하시며."

우리는 제2권 제12장에서 하나님과 사람 사이의 중보자는 사람이자 하나님이셔야 함을 배웠다. 이 사실 또한 그리스도께서 참 사람인 사실을 입증한다. 바울은 하나님이 "죄로 말미암아 자기 아들을 죄 있는 육신의 모양으로 보내어 육신에 죄를 정하셨다"(롬 8:3)라고 분명하게 말한다. 즉, 하나님은 오직 육신을 입은 사람에게만 사람의 죄를 물으실 수 있었고, 그리스도께서는 그 정죄를 담당하시고자 참으로 육신의 사람이 되셔야 했다.

혹자는 만일 그리스도께서 참으로 사람으로 태어나셨다면, 아담의 죄로 인한 인류의 부패가 그리스도께도 해당되므로 그분은 참 사람이실 수 없다고 반대했다. 놀라운 것은 그럼에도 그리스도께서는 죄에 오염되지 않으셨다는 사실이다. 따라서 그분은 인류를 죄로부터 자유하게 하실 수 있었다. "그런즉 한 범죄로 많은 사람이 정죄에 이른 것 같이 한 의로운 행위로 말미암아 많은 사람이 의롭다 하심을 받아 생명에 이르렀느니라"(롬 5:18).

제14장
중보자의 두 본성

요한복음 1장 14절은 "말씀이 육신이 되어"라고 말한다. 이는 말씀이 육신으로 변했다거나 또는 하나님의 아들이 육신과 섞였다는 뜻이 아니다. 이는 하나님의 아들이 자신이 거할 성전 또는 거할 곳으로서 사람의 몸을 택하셨다는 뜻이다. 그분의 두 본성은 오직 한 인격체, 곧 그리스도에게 속하며, 이에 그분은 하나님의 본성을 지니면서도 사람의 본성 전체를 취하신다.

한 인격체에게 두 본성이 속해 있는 이러한 신비한 상태는 이 땅에서 비교할 것을 찾기 어렵지만, 굳이 예를 든다면 사람이 그 하나이다. 사람은 서로 구별되는 두 부분, 곧 영혼과 몸을 가진다. 하지만 이 둘은 육신을 가지면 영혼을 갖지 못하거나 혹은 영혼을 가지면 육신 안에 살 수 없는 그러한 방식으로 합쳐져 있지 않다. 우리는 한 사람을 구성하는 여러 부분을 말할 수 있지만 그 부분들은 여전히 같은 '한' 사람이다. 이와 마찬가지로 그리스도께서는 두 본성을 지닌 한 인격체이셨다.

우리는 다음과 같은 구절들을 읽으면서 그리스도께서는 단지 사람만은 아니셨던 것을 확신할 수 있다. "그는 …… 모든 피조물보다 먼저 나신 이시니 만물이 그에게서 창조되되 …… 만물이 다 그로 말미암고 그를 위하여 창조되었고 또한 그가 만물보다 먼저 계시고 만물이 그 안에 함께 섰느니라"(골 1:15-17). 또한 그리스도께서는 세상이 존재하기 전에 아버지와 함께 영광을 누리셨다고 말씀하셨다.

하지만 그리스도께서는 또한 인간이신 하나님이셨다. 많은 성경 구절이 그리스도의 인성을 언급한다. 이사야서는 그리스도를 아버지의 종이라고 부르며 그분의 인성을 말한다(사 42:1). 누가는 그리스도께서 지혜와 키가 자라가며 하나님과 사람에게 더욱 사랑스러워 가셨다고 언급하며 그분의 인성을 말한다. 또한 그분은 마지막 날이 언제인지 모르시며 아버지만 아신다고 말씀하심으로써 그분의 인성을 나타내셨다(막 13:32; 행 1:7 참조).

어떤 구절들은 한꺼번에 두 본성을 다 언급한다. 이 사실은 그리스도의 인격체와 관련한 진리를 좀 더 분명하게 드러낸다. 그리스도께는 일반 사람에게 주어질 수 있는 신분 및 기능보다 훨씬 더 많은 것들이 주어졌다. 즉, 그분은 또한 하나님이셨다. 그리스도께서는 죄를 사할 권한과, 의와 거룩함을 나눠줄 권한, 사람을 심판하는 권한 그리고 아버지께서 존귀함을 받으시듯 존귀를 받으실 자격이 있으셨다. 그분은 세상의 빛이며 선한 목자이시고 유일한 문이며 참된 포도나무이시다. 오직 하나님만이 이러한 일들을 하실 수 있으며 이러한 신분을 취하실 수 있다.

제15장
그리스도께서는 우리의 선지자, 제사장, 왕이시다

구약 시대에 하나님은 여러 다른 때에 많은 선지자들을 보내셨다. 그래서 이스라엘 백성은 언제나 그들을 통해 하나님에 대해 배울 수 있었다. 하지만 그들은 모두 메시아가 오셔야만 모든 지식이 주어질 것을 알았다. 심지어 사마리아 여인도 이 사실을 믿었다. "메시야 곧 그리스도라 하는 이가 오실 줄을 내가 아노니 그가 오시면 모든 것을 우리에게 알려 주시리이다"(요 4:25).

구약 시대는 메시아에 대해 예언했다. "보라 내가 그를 만민에게 증인으로 세웠고 만민의 인도자와 명령자로 삼았나니"(사 55:4). 오랜 세월에 걸쳐 선지자들이 계속 나타난 이후 이제 위대한 선지자가 나타나셨다. "옛적에 선지자들을 통하여 여러 부분과 여러 모양으로 우리 조상들에게 말씀하신 하나님이 이 모든 날 마지막에는 아들을 통하여 우리에게 말씀하셨으니"(히 1:1-2).

그리스도께서는 또한 왕이시다. 하지만 그분의 나라는 영적이며 영원하고, 또한 교회와 각 개인을 위해 영원하다. 그리스도께서는 사람들에 의해 죽임을 당하시기 직전에 "내 나라는 이 세상에 속한 것이 아니니라"(요 18:36)라고 말씀하셨다. 우리는 이 땅에서 사는 동안 시련을 당한다. 그러나 우리가 그리스도의 영적인 나라, 곧 흔들릴 수 없는 나라에 속했다는 사실을 안다면, 우리는 불멸의 상태에서 그리스도와 영원히 함께 살 것을 기대하며 기뻐할 수 있다.

그리스도의 제사장 역할은 우리의 구원에 있어 대단히 중요하다. 제사장은 하나님과 사람 사이의 중보자이다. 그리스도께서는 조금도 죄에 물들지 않은 제사장으로서 그분의 사역을 수행하실 수 있었다. 그분은 자신의 거룩으로 우리를 하나님과 화목하게 하실 수 있었다. 구약에서는 성전의 제사장이라도 희생 제물의 피 없이 지성소에 계신 하나님께 나아간다면 율법을 어기는 것이 되었다. 이는 이스라엘 백성으로 하여금 죄에 대한 희생 없이는 하나님이 그들을 받으실 수 없음을 가르쳤다. 우리는 우리 죄 때문에 하나님 앞에 나아갈 권리를 잃었으나, 예수 그리스도께서는 우리의 죄를 없앨 희생 제사를 드리시고, 우리의 삶을 깨끗하게 하시고 우리를 위해 하나님의 은총을 얻어 내신다.

우리를 위한 그리스도의 제사장 직분이 지니는 유일한 특징이 있는데, 그분이 양이나 소가 아닌 자기 자신을 희생 제물로 드렸다는 사실이다. 이는 그분이 죄가 없음에도 불구하고 죄를 위해 죽으심으로써 그 희생을 영원토록 지속시키는 유일한 방법이었다. 그분이 바친 희생은 영원하기에 그분은 우리의 제사장으로서 우리가 하나님의 은총을 받을 수 있도록 하나님 앞에서 영원토록 간구하실 수 있다.

그러므로 그리스도께서는 희생 제물이신 동시에 제사장이시다. 그 어떤 다른 희생 제물도 우리의 죄를 향한 하나님의 진노를 제거할 수 없었다. 그 어떤 사람도 하나님의 독생자를 희생 제물로 바치는 그러한 큰 영광을 누릴 자격이 없었다. 여기서 우리는 로마 가톨릭의 오류를 반박해야 한다. 그들은 그들의 사제들이 미사나 성례를 거행할 때마다 그리스도를 반복해 바칠 수 있다고 주장한다. 이는 성경의 가르침과는 전적으로 위배된다.

이스라엘 백성은 그들의 지도자들이 특별한 일을 맡았다는 증표로서 그들에게 기름을 부으라고 배웠다. 메시아라는 이름은 '기름 부음을 받음'이라는 뜻으로서 약속된 중보자들에게 주어졌고 선지자들, 제사장들, 왕들이 기름 부음을 받았다. 우리의 메시아이신 그리스도께서는 이 모든 직분을 지니시는 우리의 선지자요 제사장이요 그리고 왕이시다.

제16장
그리스도의 구속 사역

우리는 죄로 인해 죽음과 파멸을 당했기에 그리스도 안에서 구조와 생명과 구원을 얻어야 함을 알게 되었다. "다른 이로써는 구원을 받을 수 없나니 천하 사람 중에 구원을 받을 만한 다른 이름을 우리에게 주신 일이 없음이라 하였더라"(행 4:12). 예수라는 이름은 "자기 백성을 그들의 죄에서 구원할 자"(마 1:21)라는 뜻이다. 그리스도께서는 우리가 구원을 찾을 수 있는 유일한 길이시다.

화목하게 함

성경을 통해 하나님은 그리스도의 죽음으로 말미암아 인간들과 화목하게 되기 전에는 인간들에게 분노하심을 알 수 있다. 하나님은 우리의 죄 때문에 우리를 원수로 여기셨을지라도 우리에게 풍성한 자비를 베푸신다.

성경은 우리가 하나님의 분노를 초래함으로써 영원한 죽음을 가져왔다고 분명하게 말한다. 우리는 구원의 모든 소망을 잃고 사탄의 노예가 되었으며 죄의 포로가 되어 끔찍한 멸망에 처할 운명이었다. 그러나 큰 자비 가운데 그리스도께서 우리를 변호하려고 개입하셔서 우리가 받아 마땅한 형벌을 받으셨고, 하나님 앞에서 인간을 혐오스럽게 했던 죄악을 자기 자신의 피로 속죄하셨다. 그리고 하나님과 사람 사이의 평화를 위한 기초를 놓으셨다. 그리스도께서 우리를 멸망으로부터 구원하신 것을 깨달을 때 우리는 단지 "하나님이 우리를 사랑하셔서 우리를 그분에게서 떠나지 않게 하실 것입니다."라고 말하는 정도보다 훨씬 더 깊은 주님의 자비를 의식하게 될 것이다.

우리가 죄 가운데 가장 깊이 빠져 있을 때에도 주님은 자기에게 속한 자들이 한 사람이라도 멸망하는 것을 원치 않으셨기에 은혜 가운데 우리를 사랑하셨다. 우리는 그분의 피조물이며 생명을 얻도록 지음 받은 것은 변함없는 사실이다. 우리 안에 아무런 끌릴 만한 것이 없던 그때에 그분은 단지 자신의 은혜로 인한 사랑 때문에 우리에게 다시 은총을 베푸셨다. 하지만 우리의 죄악은 그분의 의와 화목할 수 없었다. 이 둘은 함께할 수 없었다. 하나님은 그리스도께서 십자가에서 이루신 속죄로써 우리 안에 있는 모든 죄악을 해결하시고, 우리를 그분으로부터 멀어지게 했던 모든 요인들을 제거하셨다. 이로써 우리를 의롭고 거룩한 사람으로 대하신다.

하나님은 우리를 먼저 사랑하사 그리스도의 사역을 통해 우리를 자신과 화목하게 하셨다. "하나님이 우리를 사랑하신 그 놀라운 방법을 통해, 심지어 그분이 우리를 미워하셨던 그때마저, 하나님은 우리 안에서 미움받아 마땅한 우리의 소행을 보셨고 또한 사랑받을 만한 그분 자신의 손길을 보셨다"(어거스틴).

순종

그리스도는 평생 동안 그리고 죽기까지 순종하심으로 우리를 하나님과 화목하게 하셨다. "한 사람이 순종하지 아니함으로 많은 사람이 죄인 된 것 같이 한 사람이 순종하심으로 많은 사람이 의인이 되리라"(롬 5:19).

사실, 그리스도께서는 종으로 오신 그때부터 우리를 위해 죗값을 지불하기 시작하셨다. 그러나 그 죗값은 그분의 죽음을 통해 가장 분명하게 지불되었다. "인자가 온 것은 …… 자기 목숨을 많은 사람의 대속물로 주려 함이니라"(마 20:28). "그리스도께서 우리 죄를 위하여 죽으시고"(고전 15:3). "보라 세상 죄를 지고 가는 하나님의 어린 양이로다"(요 1:29). 우리는 빌립보서 2장 7-8절에서 그리스도께서 삶 가운데서 그리고 죽음을 통해 순종하신 것을 본다. "오히려 자기를 비워 종의 형체를 가지사 사람들과 같이 되셨고 사람의 모양으로 나타나사 자기를 낮추시고 죽기까지 복종하셨으니 곧 십자가에 죽으심이라."

그리스도께서는 억지로 희생 제물이 되신 것이 아니었다. 기쁜 마음으로 자유롭게 드린 희생이 아니라면 결코 우리로 하여금 의롭다 함을 받게 할 수 없었을 것이다. 그분은 자신의 생명에 대해 "이를 내게서 빼앗는 자가 있는 것이 아니라 내가 스스로 버리노라"(요 10:18)라고 말씀하셨다. 만일 그리스도께서 친히 심판을 받으심으로 우리에게 내려진 유죄 선고를 감당하지 못하셨다면, 우리는 하나님의 무서운 심판을 지나야 할 것이다.

저주를 받으심

그리스도께서 십자가에서 죽으신 것은 중요하다. 십자가는 사람과 하나님 보기에 저주였다(신 21:23 참조). 그리스도께서는 십자가에 달리심으로 저주를 받으셨다. 우리의 죄로 인해 우리가 받아야 할 저주가 주님께 임했다. "여호와께서는 우리 모두의 죄악을 그에게 담당시키셨도다"(사 53:6). 십자가는 죄가 우리에게서 그분께로 옮겨졌다는 표시였다. "그리스도께서 우리를 위하여 저주를 받은 바 되사 율법의 저주에서 우리를 속량하셨으니 기록된 바 나무에 달린 자마다 저주 아래에 있는 자라 하였음이라"(갈 3:13-14). 우리는 주님이 받으신 저주로 인해 복을 얻게 되었음을 믿음으로 알게 된다.

죽음

그리스도께서는 우리를 대신해 죽으셨다. 우리는 죄 때문에 죽음의 권세 아래 있었다. 그리스도께서는 친히 죽음의 권세 아래로 들어가셔서 우리를 죽음에서 구원해 주셨다. "하나님의 은혜로 말미암아 모든 사람을 위하여 죽음을 맛보려 하심이라"(히 2:9). 그렇다면 우리는 그분의 죽으심으로 인해 결코 죽지 않을 것이다. 또한 그분이 자신의 죽음으로 우리의 생명을 사셨다고 참되게 말할 수 있다. 그리스도께서 죽음에 동참하신 것은 "죽음을 통하여 죽음의 세력을 잡은 자 곧 마귀를 멸하시며 또 죽기를 무서워하므로 한평생 매여 종 노릇 하는 모든 자들을 놓아 주려 하심이다"(히 2:14-15).

장사됨

그리스도께서 장사되신 사실은 매우 중요하다. 그 사건은 우리가 죄에 속한 삶으로부터 장사될 수 있음을 알려 준다. 우리는 그리스도와 함께 장사되었고, 우리의 죄악에 물든 삶을 버렸다.

내려가심

많은 사람들이 사도신경은 그리스도께서 지옥에 내려가심을 언급한다고 말한다. 이 내려가심이 무엇인지 생각해 보자. 주님은 하늘의 영광을 버리고 인간의 위해 저주를 받는 상태까지 그 긴 길을 겸허히 내려오셨다. 주님은 심지어 지옥의 권세와 싸우고 영원한 죽음과 싸워서 이기기 위해 더 내려가셔야 했다. 그분이 우리를 위해 지옥 권세 및 영원한 죽음과 싸워 이기셨기에 지금 우리는 죽음을 지날 때 그러한 공포를 가질 필요가 없다.

부활

화목과 순종과 죽음과 장사됨과 내려가심의 그리스도의 사역은 부활이 없었다면 아무런 소용이 없었을 것이다. 그리스도께서 부활하셨기에 우리 역시 산 소망을 가진다. 그분의 새 삶은 그분이 죽음의 정복자라는 사실을 알려 준다. 따라서 우리는 이 사실을 앎으로써 우리 자신도 죽음에 대해 승리할 수 있음을 확신하며 기대할 수 있다. 사실, 그리스도께서 죽음에 패배하셨다면 우리를 위해 죽음을 정복하기란 불가능했을 것이다.

우리의 새 새명이 그리스도의 부활에 의존한다는 사실은 바울의 글에 잘 나타난다. "그러므로 우리가 그의 죽으심과 합하여 세례를 받음으로 그와 함께 장사되었나니 이는 아버지의 영광으로 말미암아 그리스도를 죽은 자 가운데서 살리심과 같이 우리로 또한 새 생명 가운데서 행하게 하려 함이라 만일 우리가 그의 죽으심과 같은 모양으로 연합한 자가 되었으면 또한 그의 부활과 같은 모양으로 연합한 자도 되리라"(롬 6:4-5). "그러므로 너희가 그리스도와 함께 다시 살리심을 받았으면 위의 것을 찾으라 거기는 그리스도께서 하나님 우편에 앉아 계시느니라 위의 것을 생각하고 땅의 것을 생각하지 말라 이는 너희가 죽었고 너희 생명이 그리스도와 함께 하나님 안에 감추어졌음이라"(골 3:1-3).

그리스도의 부활은 우리도 부활할 것을 보여 주는 가장 분명한 약속이다. "이제 그리스도께서 죽은 자 가운데서 다시 살아나사 잠자는 자들의 첫 열매가 되셨도다"(고전 15:20).

승천

부활은 그리스도의 영광을 보여 주는 서막이다. 그러나 승천하시기 전에는 그리스도께서 그 영광의 나라에 아직 실제로 들어가신 것은 아니었다. "그가 곧 모든 하늘 위에 오르신 자니 이는 만물을 충만하게 하려 하심이라"(엡 4:10). 여기서 우리는 서로 모순되어 보이는 두 진술이 아름답게 조화되는 것을 본다. 그리스도께서는 "나는 항상 (너희와 함께) 있지 아니하리라"(요 12:8)라고 말씀하셨는데, 곧 주님이 육체적으로는 그들과 항상 함께 머물지 않을 것이라는 뜻이다. 그러나 주님은 또한 "볼지어다 내가 세상 끝날까지 너희와 항상 함께 있으리라"(마 28:20)라고 말씀하셨는데, 이는 우리가 그분의 영의 임재와 능력을 받았다는 놀라운 진리이다.

대관식

그리스도께서는 하늘과 땅의 모든 권세를 받으셨다는 표시로 하나님 우편에 앉아 계신다. 하늘에서 있은 그분의 대관식은 죄인들이 하나님께 나아갈 길을 열어 놓았다. 그리스도께서 사람의 본성을 가지고 하늘에 들어가셨기에 우리도 그분과 함께 하나님을 만날 수 있게 되었다. 그리스도께서 우리의 대언자로 우리를 위해 중보하시기에 우리는 두려움 없이 하나님의 보좌 앞에 나아갈 수 있다. 왕이신 그리스도께서는 우리에게 어둠의 권세들을 대항해 이길 수 있는 충분한 권세와 힘을 주신다.

재림

현재 그리스도께서 온 땅을 다스리시지만 그분의 통치는 어느 정도 숨겨져 있다. 그러나 마지막 날에 그분은 보이는 형태로 하늘에서 내려오실 것이며 모든 사람이 그분의 무한한 힘과 그분의 나라의 위엄과 그분의 신성의 능력과 불멸의 영광을 보게 될 것이다. 우리는 그날을 기다리라는 말씀을 받았다. 그날에 그리스도께서는 모든 사람 가운데 택하심을 받은 자들과 버림받은 자들을 구별해 나누실 것이다.

심판

그리스도의 심판은 그분께 속하지 않은 자들에게 두려움의 원인이 된다. 그러나 우리와 같은 신자들은 모든 심판이 그분께 맡겨졌음을 알고 안심한다. 그리스도께서는 자기와 함께 심판을 거행할 택하신 자들을 분명 정죄하지 않으실 것이다. 또한 자비가 풍성한 주재이신 그리스도께서는 무엇보다 자신에게 속한 자들을 분명 정죄하지 않으실 것이다. 그리스도께서는 교회의 머리로서 교회의 지체들을 흩지 않으실 것이다. 가장 분명한 것은 우리는 그분이 대표하는 백성이기에 우리의 대언자이신 그분은 결코 우리를 정죄하지 않으시리라는 사실이다.

이번 장을 마무리하면서 우리는 우리 구원의 모든 부분이 그리스도에 의해 완전하게 수행되었음을 확신한다. 오직 그분으로부터 모든 구원의 과정과 성령의 은사들, 능력, 위로, 구속, 용서, 구출, 새 생명, 하늘의 기업, 그분의 심판에 대한 안심 그리고 모든 복이 풍성하게 임할 것이다.

제17장
그리스도께서 자신의 공로로 우리를 위한 은혜를 얻어 내셨다

어떤 사람들은 '공로'라는 단어를 사용하면 우리를 향한 하나님의 은혜의 영광을 가리게 된다고 말한다. 하지만 공로에 대해 말할 때 우리는 우리를 향한 하나님의 은혜와 그 은혜를 우리에게 가져온 그리스도의 사역(그분의 공로)을 동시에 볼 수 있어야 한다.

하나님의 은혜는 우리에게 구원을 가져올 공로의 사역을 수행하도록 그리스도를 보내셨다. 하나님의 거저 주시는 은혜와 그리스도의 순종 사이에는 아무런 모순이 없다. 성경은 이 진리를 분명히 말한다. "사랑은 여기 있으니 우리가 하나님을 사랑한 것이 아니요 하나님이 우리를 사랑하사 우리 죄를 속하기 위하여 화목제물로 그 아들을 보내셨음이라"(요일 4:10). 하나님은 그분의 사랑이 결코 막히지 않도록 그리스도에 의한 화목의 방법을 마련하셨다. 화목 제물이라는 말은, 하나님이 우리를 사랑하셨으나 우리에게 분노하셨다는, 말로 설명하기 어려운 사실을 잘 보여 주는 올바른 용어이다.

우리가 그리스도의 공로에 의해 은혜를 얻었다는 말은 우리가 그분의 보혈로 깨끗하게 되었고 그분의 죽음은 우리의 죄를 위한 속죄 제사였음을 의미한다. "그 아들 예수의 피가 우리를 모든 죄에서 깨끗하게 하실 것이요"(요일 1:7). "이것은 죄 사함을 얻게 하려고 많은 사람을 위하여 흘리는 바 나의 피 곧 언약의 피니라"(마 26:28). 우리의 죄는 그분의 생명을 대가로 사함을 받았고 그리스도께서는 하나님의 의를 만족시키셨다. 세례 요한은 이 사실을 분명하게 선포했다. "보라 세상 죄를 지고 가는 하나님의 어린 양이로다"(요 1:29).

유대 율법의 의식들은 똑같은 진리를 가르친다. 피 흘림이 없이는 죄 사함이 없다(히 9:22 참조). 히브리서 저자는 이 사실을 더욱 전개시켰다. "염소와 황소의 피와 및 암송아지의 재를 부정한 자에게 뿌려 그 육체를 정결하게 하여 거룩하게 하거든 하물며 …… 그리스도의 피가 어찌 너희 양심을 죽은 행실에서 깨끗하게 하지 못하겠느냐"(히 9:13-14). 이 사실은 이사야 시대에도 언급되었다. "그가 징계를 받으므로 우리는 평화를 누리고 그가 채찍에 맞으므로 우리는 나음을 받았도다"(사 53:5).

우리는 다음 구절에서 은혜와 화목 제물이 동시에 언급되는 것을 본다. "그리스도 예수 안에 있는 속량으로 말미암아 하나님의 은혜로 값 없이 의롭다 하심을 얻은 자 되었느니라"(롬 3:23-24). 아버지의 분노는 그분의 아들 때문에 풀렸다. "너희 죄가 그의 이름으로 말미암아 사함을 받았음이요"(요일 2:12).

제1장 그리스도의 복음은 성령님의 신비한 역사로 우리에게 유익을 준다
제2장 믿음과 그 특성들
제3장 참된 회개
제4장 로마 가톨릭의 회개에 대한 교리 점검
제5장 로마 가톨릭의 가르침에 대해 몇 가지 더 살펴봄
제6장 그리스도인의 삶
제7장 그리스도인의 자기 부인
제8장 십자가를 지는 것
제9장 내세의 삶을 바람
제10장 현재의 삶을 바르게 사용함
제11장 믿음으로 의롭다 함을 얻음
제12장 하나님의 심판대
제13장 우리는 모든 영광을 하나님께 드려야 한다
제14장 참된 칭의
제15장 하나님의 영광과 우리의 구원의 확신
제16장 믿음으로 말미암은 칭의에 대한 몇 가지 반론들
제17장 율법의 위치
제18장 상급
제19장 그리스도인의 자유
제20장 기도
제21장 선택 1
제22, 23, 24장 선택 2
제25장 부활

제3권

그리스도의 은혜를
받는 방법과 결과

The Methods and Results of Receiving the Grace of Christ

3

The Methods and Results of Receiving the Grace of Christ

그리스도의 은혜를 받는 방법과 결과

제1장
그리스도의 복음은 성령님의 신비한 역사로 우리에게 유익을 준다

그리스도의 구속 사역은 우리가 그분과 연합할 때 우리에게 유익을 준다. 그리스도께서 우리를 위해 이루어 놓으신 하나님의 복은 오직 성령님을 통해 받을 수 있다. "주 예수 그리스도의 이름과 우리 하나님의 성령 안에서 씻음과 거룩함과 의롭다 하심을 받았느니라"(고전 6:11). 성령님은 우리를 그리스도와 묶는 끈이시다.

성경을 보면 많은 호칭이 성령님께 주어진다.

1. 성령님은 '거룩하게 하시는 영'으로 불리신다. 성령님의 사역이 우리 안에서 하늘의 신령한 삶을 시작하게 하기 때문이다. 선지자들은 그리스도의 나라에서 성령님의 부으심이 크게 있을 것을 예언했다.

2. 성령님은 아버지의 영과 아들의 영으로 불리신다. 사도 바울은 두 가지 칭호를 한 구절에서 언급했다. "만일 너희 속에 하나님의 영이 거하시면 너희가 육신에 있지 아니하고 영에 있나니 누구든지 그리스도의 영이 없으면 그리스도의 사람이 아니라"(롬 8:9).

3. 성령님은 양자의 영으로 불리신다. 성령님은 우리를 하나님의 자녀로 부르심으로써 하나님이 거저 주시는 은총을 보여 준다. 성령님은 우리가 하나님을 우리 아버지로 여기도록 가르치시고, 또한 기도에 확신을 갖도록 가르치신다.

4. 성령님은 우리의 기업의 보증이시다. 하늘로부터 우리 안으로 들어오신 성령님은 우리의 구원이 확실하다는 사실을 우리 내면에서 확증해 주신다.

5. 성령님은 생명의 샘이시다. "나는 목마른 자에게 물을 주며 마른 땅에 시내가 흐르게 하며 나의 영을 네 자손에게, 나의 복을 네 후손에게 부어 주리니"(사 44:3).

6. 성령님은 기름이시다. "너희는 거룩하신 자에게서 기름 부음을 받고 모든 것을 아느니라 …… 너희는 주께 받은 바 기름 부음이 너희 안에 거하나니 아무도 너희를 가르칠 필요가 없고"(요일 2:20, 27). 성령님은 우리를 따로 구별해 하나님께 배우도록 하신다.

7. 성령님은 불이시다. 성령님은 우리의 더러움을 태우시고 우리 마음 안에 하나님과 경건을 사랑하는 불을 지피신다. "그는 성령과 불로 너희에게 세례를 베푸실 것이요"(눅 3:16).

성령님의 특별한 사역은 우리에게 믿음을 주셔서 복음의 빛을 보게 하시는 것이다. 사도 요한은 "영접하는 자 곧 그 이름을 믿는 자들에게는 하나님의 자녀가 되는 권세를 주셨으니 이는 혈통으로나 육정으로나 사람의 뜻으로 나지 아니하고 오직 하나님께로부터 난 자들이니라"(요 1:12-13)라고 가르친다. 하나님을 혈통 및 육정과 대조시킨 것은 그리스도를 영접하는 능력은 초자연적임을 알려 주기 위해서이다. 그 능력이 주어지지 않는다면 불신자로 남을 것이다. 이 사실에 대해 주님은 제자들에게 가르치셨다. "내가 아버지께 구하겠으니 그가 또 다른 보혜사를 너희에게 주사 영원토록 너희와 함께 있게 하리니 그는 진리의 영이라 세상은 능히 그를 받지 못하나니 이는 그를 보지도 못하고 알지도 못함이라 그러나 너희는 그를 아나니 그는 너희와 함께 거하심이요 또 너희 속에 계시겠음이라"(요 14:16-17).

제2장
믿음과 그 특성들

우리는 이미 세 가지 핵심을 알아보았다.

1. 우리는 하나님이 주신 율법을 범했기에 우리에게는 영원한 죽음이라는 끔찍한 선고가 내려졌다.

2. 타락한 사람이 율법을 완성하기란 어려움을 넘어서서 불가능하다. 만일 우리가 자신을 의지한다면 우리에게는 영원한 죽음을 피할 소망이 전혀 없다.

3. 이러한 무서운 재앙으로부터 구원을 받을 유일한 길이 있다. 바로 그리스도 예수 안에 있는 구속이다. 우리의 하늘 아버지께서는 참된 믿음과 굳건한 소망으로 하나님의 자비를 의지하는 우리에게 이 구속을 약속하셨다.

우리는 이제 '믿음'이라는 단어의 의미를 살펴보고자 한다. 많은 사람들에게 믿음이란 그리스도의 생애에 대한 역사적인 진리를 믿는 것만을 의미한다. 또한 믿음의 대상이 하나님이심을 안다 해서 믿음이 무엇인지 더 알게 되는 것도 아니다. 하나님은 빛 가운데 거하시고 아무도 그분께 나아갈 수 없으며, 오직 그리스도만이 우리로 하여금 그분께 나아가는 길을 보여 주시기 때문이다.

그리스도께서는 자신이 이 세상의 빛이요, 길이요, 진리요, 생명이라고 말씀하셨다. 이에 그 누구도 그분으로 말미암지 않고는 아버지께로 나아갈 수 없으며(요 14:6) 또한 아들 외에는 아무도 아버지를 알 수 없고 오직 아들이 하나님을 보여 주기로 택하신 자들만 아버지를 알 수 있다(눅 10:22).

바울은 하나님의 아들은 하나님의 영광을 보여 준다고 증거한다. 하나님의 영광을 아는 빛은 예수 그리스도의 얼굴에서 비친다(고후 4:6). 우리의 믿음은 오직 참된 하나님께 있어야 한다. 우리의 믿음은 또한 그분이 보내신 예수 그리스도께 놓여야 한다. 만일 그리스도의 광채가 우리에게 비추지 않았다면, 하나님은 여전히 우리에게 철저하게 감춰져 있었을 것이다.

만일 무지로 인해 맹신한다면 그것은 믿음이 아니다. 아무런 이해도 없이 단지 교회가 말하기 때문에 순종한다면 이는 믿음이 아니다. 믿음은 무지가 아니라 하나님과 그분의 뜻을 아는 것이다. 믿음은 하나님과 그리스도를 아는 것을 포함하지만 교회를 숭배하지는 않는다. 성경은 많은 곳에서 참된 믿음은 깨달음에 의한 이해를 수반한다는 사실을 가르쳐 준다.

우리는 또한 복음을 통해서만 우리의 믿음의 대상인 그리스도를 아는 것이 가능함을 인식해야 한다. 우리의 믿음은 하나님의 말씀에 서 있어야 한다. 성경은 "오직 이것을 기록함은 너희로 예수께서 하나님의 아들 그리스도이심을 믿게 하려 함이요 또 너희로 믿고 그 이름을 힘입어 생명을 얻게 하려 함이니라"(요 20:31)라고 말한다. 사실, 성경에 기초하지 않는 믿음은 동화 속의 헛된 믿음이나 또는 거짓 믿음이 되기 쉽다.

믿음이 하나님의 말씀에 서 있어야 한다는 것이 무엇인지 궁금할 수 있다. 믿음은 단지 하나님의 뜻을 아는 것이 아니다. 믿음은 하나님의 호의와 자비를 아는 것을 포함한다. 우리에게는 하나님이 우리의 자비로우신 아버지라는 사실을 보여 주는 그분의 은혜의 약속이 필요하다. 그 후에야 믿음을 바르게 정의할 수 있다. 믿음은 우리를 향한 하나님의 호의를 분명하고 확고하게 아는 지식으로서, 우리의 이해를 위해 계시된 그리스도 안에서 주어진 그분의 은혜로운 약속의 진리에 근거한 지식이며, 성령님에 의해 우리 마음에 인친 바 된 지식이다.

'믿음'이라는 단어가 서로 다르게 사용된 예들

우리는 믿음이라는 단어가 서로 다르게 사용된 예들 때문에 헷갈려서는 안 된다. 이 단어가 서로 다른 의미로 사용된 경우를 찾아서 구분해 보자.

1. 어떤 사람들은 불확정된 믿음과 같은 종류의 믿음이 있다고 말한다. 그들은 성경이 참인 것을 믿지만 참으로 하나님을 경외하지는 않는 사람들이 이러한 불확정된 믿음을 가졌다고 말한다. 그러나 바울은 "사람이 마음으로 믿어 의에 이르고"(롬 10:10)라고 기록했다. 만일 어떤 믿음이 머리에만 닿고 마음에 이르지 않는다면 그 믿음은 전혀 참된 믿음이 아니다. 게다가 믿음은, 마음과 삶에 성령님의 거룩하게 하시는 능력이 없다면 알 수 없는 그리스도에 대한 지식이다.

2. 많은 사람들이 하나님의 존재를 믿고 성경에 기록된 역사가 참이라고 믿는다. 이들은 심지어 성경이 명하는 계명에 순종하기도 한다. 그러나 만일 진심으로 하나님의 뜻에 순종하는 것이 아니라면 그러한 믿음은 참된 믿음이 아니다. 그들은 자신에게 믿음이 있다고 생각할지도 모른다. 그들은 하나님의 말씀을 존중하는 것이 진정한 종교라고 생각하지만 살아 있고 열매를 맺는 오래 지속되는 믿음은 없다.

3. '믿음'이라는 단어는 또한 바른 교리를 의미하는 데 사용된다. 그 예로 바울은 디모데에게 예수 그리스도의 선한 사역자에 대해 말하며 "믿음의 말씀과 네가 따르는 좋은 교훈으로 양육을 받으리라"(딤전 4:6)라고 했다.

참 믿음의 속성

우리는 믿음을 "분명하고 확고하게 아는 지식"이라고 정의했다. 이는 인간의 본능적인 감각으로 아는 지식이 아닌 인간의 지각을 초월하는 지식을 의미한다. 바울은 "지식에 넘치는 그리스도의 사랑을"(엡 3:18) 아는 것에 대해 말했다. 사도 요한은 신자가 자신이 하나님의 자녀라는 사실을 아는 지식이(요일 3:2) 믿음이라고 올바르게 말한다.

믿음으로 이끄는 지식은 이해보다 확신으로 구성된다. 비록 불신앙이 우리 마음에 굳게 뿌리를 내리고, 그 누구도 심각한 갈등 없이는 하나님의 신실하심을 충분히 납득하지 못할지라도 믿음은 완전한 확신을 추구한다. 성령님은 불신이라는 질병을 고쳐 주시고자 하나님의 말씀의 권위를 크게 강조하며 높이신다. "여호와의 말씀은 순수하니 그는 자기에게 피하는 모든 자의 방패시로다"(시 18:30).

자신은 하나님의 자비를 받지 못했다고 말하면서 그분의 자비를 확신하지 못하는 사람들이 많다. 그들은 주님의 자비가 크고 충만함을 알지만 자신은 받지 못했다고 의심하며 확신을 갖지 못하고 끊임없이 고민한다. 그러나 우리는 성령님으로부터 확신을 얻는다. 바울은 "우리가 그(그리스도) 안에서 그(그리스도)를 믿음으로 말미암아 담대함과 확신을 가지고 하나님께 나아감을 얻느니라"(엡 3:12)라고 말한다. 신자는 자신이 하나님과 화목하게 되었다는 사실과 하나님은 그에게 다정하고 자비로우신 분이라는 굳은 확신을 가지고 있다. 참된 신자는 바울처럼 자신 있게 말한다. "내가 확신하노니 사망이나 생명이나 천사들이나 권세자들이나 현재 일이나 장래 일이나 능력이나 높음이나 깊음이나 다른 어떤 피조물이라도 우리를 우리 주 그리스도 예수 안에 있는 하나님의 사랑에서 끊을 수 없으리라"(롬 8:38-39).

많은 사람들이 하나님의 자비를 확신하다가도 흔들리는 경험을 하게 되는데 이는 예측된 바이다. 우리는 믿지 않으려는 우리 자신 속의 망설임과 끊임없이 갈등한다. 하지만 참 신자는 하나님의 자비에 대한 확고한 확신을 결코 포기하지 않는다. 다윗이 이 사실에 대한 생생한 사례이다. 그는 하나님을 향한 확고한 믿음을 가진 사람이었다. 하지만 그는 여러 차례 마음속에서 불신 및 강한 갈등을 겪었다. "내 영혼아 네가 어찌하여 낙심하며 어찌하여 내 속에서 불안해 하는가 너는 하나님께 소망을 두라 나는 그가 나타나 도우심으로 말미암아 내 하나님을 여전히 찬송하리로다"(시 42:11; 43:5). "내가 놀라서 말하기를 주의 목전에서 끊어졌다 하였사오나"(시 31:22). 하지만 그러한 시련과 의심 가운데서도 경건한 사람의 믿음은 갈등을 이기고 승리 가운데 일어선다. "너는 여호와를 기다릴지어다 강하고 담대하며 여호와를 기다릴지어다"(시 27:14).

우리는 이미 그리스도인의 내면에는 육신과 영이 함께한다는 사실을 배웠다. 우리가 이 사실을 기억할 때 이러한 내면의 갈등이 왜 있는지 이해할 수 있다. 그리스도인은 하나님의 선하심과 구원의 약속을 알 때 행복을 느끼고 자신의 사악함을 알 때 비참을 느낀다. 이 땅에 사는 동안 그리스도인의 믿음은 완전할 수는 없다. 오직 하늘에 이르러서야 완전하게 될 것이다. 그들은 비록 자신의 믿음이 이 땅에 사는 동안 흔들릴지라도 결코 믿음을 다 잃지는 않으리라 확신하며 안심할 수 있다. "세상을 이기는 승리는 이것이니 우리의 믿음이니라"(요일 5:4).

우리의 믿음에 실제적인 유익을 주는 또 다른 종류의 두려움이 있다. 신자들은 악을 벌하시는 하나님을 생각할 때 두려워 떤다. 따라서 나쁜 행위로 하나님의 진노를 일으키지 않도록 주의하게 된다. "그런즉 선 줄로 생각하는 자는 넘어질까 조심하라"(고전 10:12). 바울은 이 구절에서 자신의 힘을 믿는 과도한 확신을 경고하고 있다. 그는 "두렵고 떨림으로 너희 구원을 이루라"(빌 2:12)라고 말하면서 절대로 자신을 의지하지 말라고 권한다.

우리의 믿음은 구원과 영생을 위해 하나님의 호의를 의지한다. 하나님의 사랑의 속성은 우리의 구원이 절대적으로 안전함을 의미한다. 만일 부자라도 하나님이 자신을 사랑하시는지 미워하시는지 확신이 없다면 그는 여전히 비참할 것이다. 그러나 가난해도 하나님의 사랑을 확신한다면 하나님이 자신을 결코 버리지 않으실 것을 분명히 안다.

우리는 믿음을 하나님의 은혜로운 약속에 기초한 지식이라고 정의했다. 따라서 믿음은 하나님의 명령이나 경고보다는 그분의 무조건적인 약속에서 비롯된다고 말하는 것이 옳다. 하나님의 약속은 성경에서 찾을 수 있지만, 성령님의 능력에 의해 마음의 눈이 열릴 때까지 사람은 주님의 약속을 받아들일 수 없다. 반드시 성령님이 그들의 마음과 뜻을 강하게 하셔야만 주님의 약속을 받을 수 있다. 따라서 하나님의 말씀이 지적으로 이해가 되었더라도 믿음으로 받았다고 할 수 없다. 하나님의 말씀은 지식과 감정과 의지, 곧 전 인격적으로 받아들여져야 하며, 그런 믿음은 악한 자의 공격을 받아도 끄떡없다.

이러한 산 믿음은 반드시 영원한 구원에 대한 소망과 함께한다. 믿음을 가진 사람은 하나님은 참되시며 자신의 약속에 신실하신 분이라고 믿는다. 그분은 우리를 자신의 자녀로 대하실 것이다. 만일 우리가 구원에 대해 이러한 분명한 소망을 가지지 않았다면, 믿음이 없는 것이다. 그리고 이 믿음은 그 자체로서 충분하다. 믿음과 선행이라는 이중 기반은 결코 있을 수 없다. 우리는 오직 하나님의 자비만을 의지한다.

제3장
참된 회개

복음에는 두 가지의 주된 가르침, 곧 회개와 죄 사함이 있다. 이 둘은 그리스도에 의해 주어지며 믿음을 통해 받는다. 먼저 회개를 고찰해 보자.

회개는 믿음을 따라오며 믿음의 결과이다. 사람들은 복음의 은혜를 받아야만 회개할 수 있다. 믿음이 있어야 회개할 수 있다. 사람이 복음을 받아들이면 그는 반드시 죄악의 길을 떠난다. 즉, 회개한다. 회개와 믿음은 서로 긴밀하게 연결되어 있지만 같은 것은 아니다. 바울은 회개와 믿음을 따로 구분해 말한다. "하나님께 대한 회개와 우리 주 예수 그리스도께 대한 믿음을 증언한 것이라"(행 20:21).

회개를 의미하는 히브리어 단어는 돌아서는 것, 즉 회심을 의미하지만, 헬라어는 마음과 계획의 변화를 의미한다. 이 두 가지 의미가 모두 회개의 정의에 포함되어야 한다. 회개는 하나님을 진심으로 두려워하는 것이며 우리의 삶이 변해 참으로 하나님을 향하게 된 것을 의미한다. 회개는 육신을 죽이고 마음의 영을 새롭게 하는 이 두 가지를 포함한다. 회개에 대한 이 정의는 세 가지 핵심을 담고 있다.

1. 하나님께로 회심한다는 것은 외적인 행동의 변화를 넘어서서 마음 자체가 변화된 것을 말한다. 에스겔 선지자는 회개를 권하며 마음의 문제를 언급했다. "너희는 너희가 범한 모든 죄악을 버리고 마음과 영을 새롭게 할지어다"(겔 18:31). 마음에서부터 사악함이 제거되지 않는다면 참된 회개가 아니다.

2. 회개는 하나님을 진심으로 두려워할 때 오는 결과이다. 죄인은 하나님이 그를 심판하실 것을 알기까지는 회개가 필요함을 생각조차 하지 못한다. 하지만 하나님이 그를 심판하실 것을 알 때 그의 양심은 그를 걱정하게 하며, 그때까지의 삶의 방식에서 돌아서서 회개하도록 촉구할 것이다. 참된 회심은 죄를 두려워하고 미워하는 것에서 시작한다. "너희가 근심함으로 회개함에 이른 까닭이라 너희가 하나님의 뜻대로 근심하게 된 것은 우리에게서 아무 해도 받지 않게 하려 함이라 하나님의 뜻대로 하는 근심은 후회할 것이 없는 구원에 이르게 하는 회개를 이루는 것이요"(고후 7:9-10).

3. 회개의 첫째 부분은 육신을 죽이는 것이다. 이는 다음과 같은 구절에서 분명하게 알 수 있다. "악을 버리고 선을 행하며 화평을 찾아 따를지어다"(시 34:14). "너희는 스스로 씻으며 스스로 깨끗하게 하여 내 목전에서 너희 악한 행실을 버리며 행악을 그치고 선행을 배우며 정의를 구하며"(사 1:16-17). "육신의 생각은 사망이요 영의 생각은 생명과 평안"(롬 8:6)이기에 육신을 죽이는 것이 필요하다.

회개의 둘째 부분은 마음의 영을 새롭게 하는 것이다. 이는 회심한 사람의 삶에서 열매로 나타난다(갈 5:22-23; 빌 4:8 참조). 이러한 일들은 모두 그리스도와의 연합으로 말미암아 우리에게 일어난다. 만일 우리가 참으로 주님의 죽으심에 동참하면 우리의 옛 사람은 못 박히고 우리는 부활에 동참하게 되는데 이때 새 생명으로 깨어난다. 그러한 회개는 순간 또는 하루 또는 1년의 문제가 아니다. 이러한 회개는 평생에 걸친 것이다. 새로운 출생은 그리스도인이 비록 자신의 죄성과 싸워야 하지만 더는 죄의 다스림을 받지 않는 것을 의미한다. 그리스도인은 옛 속성을 그대로 지니고 있기에 그로 인해 여전히 악한 것을 원하기도 한다. 그는 죽기까지 이러한 악한 소욕에서 완전히 자유로울 수는 없다.

하나님이 죄를 제거하실 때 그분은 죄책과 죄의 형량을 제거하시지만, 죄의 세력은 제거하지 않으신다. 그러나 우리가 죄에 승리할 수 있도록 성령님의 능력을 주신다. 우리는 우리 자신의 연약함을 늘 기억하고 성령님을 의지해야 한다. 바울은 로마서 7장에서 그리스도인이 된 후의 일을 말하며, 회심한 후에도 죄가 우리 안에 남아 있음을 분명하게 보여 준다. 바울은 여전히 그의 내면에 하나님의 율법을 싫어하는 무엇이 있다고 느꼈다(23절). 그는 그의 육신 안에 선한 것이 전혀 거하지 않음을 안다(18절). 그는 자기 안에 있는 죄 때문에 생기는 끝없는 갈등으로 인한 곤고함을 체험한다(24절).

어떤 사람들은 하나님의 자녀가 구원을 받고 거듭나면 무죄 상태로 돌아간 것이므로, 아무리 많은 죄를 지어도 하나님 보시기에는 무죄 상태라고 가르친다. 그들은 말하기를, 그들 안에 지금 사시는 분은 성령님이시기에 더는 정욕을 제어할 필요가 없다는 것이다. 그들이 이제 무엇을 하든 성령님에 의해 되는 것이므로 죄가 될 수 없다는 것이다! 이러한 '영'은 도대체 어떤 영인가? 우리는 성령님이 살인, 부정, 교만, 탐욕 및 기만을 권하지 않으신다는 사실을 확신할 수 있다. 성령님은 사랑과 덕과 단정함과 평강과 진리의 근원이시다. 성령님은 우리를 하나님의 의로 이끌기 위해 오셨다.

고린도후서 7장 11절에서 바울은 사람이 회개를 했을 때 나타나는 일곱 가지 표시를 언급한다. 그는 진심으로 유혹에 대항하고자 하며, 자신을 깨끗하게 하려는 간절함이 있다. 하나님을 향한 진실함과 경외함을 실천으로 증거하려 노력한다. 하나님을 향한 자신의 죄악과 배은망덕함을 볼 때 자신을 향해 분노한다. 의로운 하나님으로부터 벌을 받을까 하는 두려움과 경종이 있다. 하나님께 순종하고자 하는 바람이 있다. 자신의 죄의 성향을 알기에 더욱 하나님께 순종하려는 열심이 있다. 죄를 지은 자가 받아 마땅한 벌이나 하나님의 심판을 생각하면 내적으로 부끄러움을 느낀다. 요약하면, 회개의 결과로 나타나는 삶은 거룩하고 순결한 삶이고 또한 하나님을 향한 순종의 삶이며 다른 사람을 향한 사랑의 삶이라 말할 수 있다.

성경은 회개란 하나님의 선물로서, 우리가 스스로 만들어 낼 수 있는 그런 종류의 것이 아니라고 가르친다. 사도행전 11장 18절은 회개는 하나님이 주신 것이라고 알려 준다. "그러면 하나님께서 이방인에게도 생명 얻는 회개를 주셨도다 하니라." 디모데후서 2장 25절도 "혹 하나님이 그들에게 회개함을 주사 진리를 알게 하실까 하며"라고 똑같은 내용을 언급한다. 하나님은 모든 사람에게 회개를 권하신다. 하지만 이 권함은 오직 성령님이 어떤 사람에게 중생을 통해 새 생명을 주실 때에만 효력을 나타낸다.

엄밀히 말해 회개는 구원의 원인이 아니다. 그러나 회개와 구원은 뗄 수 없이 긴밀하게 연결되어 있다. 성경은 큰 깨달음을 얻고 또한 하나님의 진리의 빛을 충분히 받았기 때문에 진리를 모른다고 핑계할 수 없는 몇몇 사람들에 대해 언급한다. 의도적으로 마음을 강퍅하게 하고 하나님의 은혜를 멸시하고 거절한다면, 실제로 그리스도의 피를 모독하는 것이며 하나님의 아들을 또다시 십자가에 못 박는 것이다(히 6:6). 그러한 배교자들은 회개할 수 없고 따라서 구원받을 수도 없다. 이 죄는 사함받을 수 없는 죄로 불리거나 성령 모독죄로 불린다.

제4장
로마 가톨릭의 회개에 대한 교리 점검

로마 가톨릭은 회개란 지은 죄악에 대해 슬퍼하면서 다시는 그 죄악을 짓지 않는 것이라고 말한다. 죄악에 대해 슬퍼하는 것은 죄를 범한 자신에게 벌을 가하는 것이다. 그들은 회개는 벌을 가하는 형태로서 육신을 제어하기 위한 엄격한 훈련이라고 생각한다. 그들은 죄를 범한 사람의 내면을 새롭게 하는 것과 그들의 삶을 참으로 개혁시키는 것에 대해서는 아무런 언급을 하지 않는다.

죄를 사해 주는 문제는 대단히 중요하다. 우리는 로마 가톨릭의 가르침이 무엇인지 알아야 하며 그들의 가르침에서 무엇이 잘못되었는지 이해해야 한다. 그들은 회개는 마음으로 죄에 대해 슬퍼하는 것과 입으로 죄를 고백하는 것 그리고 선행으로 하나님의 공의를 만족시키는 것으로 이루어진다고 말한다.

그들은 죄 사함을 받으려면 다음의 세 가지 조건을 만족시켜야 한다고 말한다.

1. 죄에 대한 슬픔. 로마 가톨릭은 반드시 슬픔이 필요하며 그 슬픔은 충분하고 완벽해야 한다고 가르친다. 하지만 그들의 슬픔이 하나님께 진 빚을 갚기에 충분한지 어떻게 알 수 있는가?

우리는 죄악을 슬퍼해야 한다는 점에는 동의하지만, 단지 슬퍼했기 때문에 죄 사함을 받을 수 있다는 점에는 동의하지 않는다. 죄에 대한 슬픔은 죄 사함의 원인이 아니다. 죄인의 소망은 눈물에 있지 않고 하나님의 자비에 있다.

2. 입으로 죄를 고백함. 로마 가톨릭은 죄인은 사제에게 죄를 고백해야 한다고 가르친다. 그러면 사제는 그 죄를 제거할 수 있다. 로마 가톨릭은 그들의 이론을 지지하기 위해 몇몇 성경 구절을 사용하지만 그릇되게 사용한다.

예를 들어, 그들은 그리스도께서 나병환자를 제사장에게 보내신 사건을 언급하며, 나병은 죄를 상징하므로 우리는 죄를 사제에게 가져가야 한다고 설명한다. 하지만 그리스도께서 그들을 제사장에게 보내신 것은 치유된 나병 환자는 제사장에게 보이고 확인을 받으라고 율법이 명했기 때문이다. 그리스도께서는 율법에 순종해 그들을 제사장에게 보내셨다.

그들이 오용한 또 다른 구절은 "너희 죄를 서로 고백하며 …… 서로 기도하라"(약 5:16)이다. 이 구절은 결코 어떤 특별한 사람 앞에서 죄를 고백해야 한다는 뜻이 아니다. 이 구절이 분명하게 의미하는 바는 서로 고백하며 서로 기도해 주는 것이다. 회개하는 자와 사제의 관계는 이 구절에서 발견되지 않는다.

하나님의 율법이 죄의 고백을 명하고 있다는 주장은 실제로는 아무런 근거가 없다. 사제에게 죄를 고백하는 것도 성경에서 찾을 수 없다. 심지어 사제에게 죄를 고백하는 제도는 13세기 무렵 로마 가톨릭 법에 의해 세워진 것으로서 그 이전까지는 공식적으로 없던 제도이다.

성경은 오직 주 하나님만이 죄를 사하실 수 있다고 가르친다. 하나님은 우리의 죄악을 잊으실 수 있고 또한 지워버리실 수 있다. 우리는 그분께 잘못을 했으므로 그분께 가야 화평을 찾을 수 있다. 하나님은 죄인들을 그분의 속죄소로 부르신다. 그러므로 자비를 얻고자 한다면 그분께 가야 한다. "내가 이르기를 내 허물을 여호와께 자복하리라 하고 주께 내 죄를 아뢰고 내 죄악을 숨기지 아니하였더니 곧 주께서 내 죄악을 사하셨나이다"(시 32:5). "만일 우리가 우리 죄를 자백하면 그는 미쁘시고 의로우사 우리 죄를 사하시며 우리를 모든 불의에서 깨끗하게 하실 것이요"(요일 1:9).

3. 선행으로 하나님의 공의를 만족시킴. 이것이 바로 회개하는 사람이 눈물과 금식과 헌금과 자선으로 하나님의 자비를 얻어 낼 수 있다는 가르침이다. 그들은 이러한 행위들을 통해 하나님의 공의에 진 빚을 갚을 수 있고, 자신의 죄악을 보상할 수

있으며, 나아가 그들 나름대로 용서를 얻을 수 있다고 생각한다. 로마 가톨릭 교사들은 하나님은 회개하는 자의 죄책을 제거해 주시지만 훈계를 위해 벌을 내리시는데, '보속'(satisfaction)으로 이 벌을 피할 수 있다고 말한다. 만일 이것이 사실이라면, 우리의 구원은 오직 하나님의 자비에 달린 것이 아니라 우리의 선행에도 달린 것이 된다. 하지만 성경은 정반대로 죄 사함은 거저 주시는 은혜라고 가르친다. "우리를 구원하시되 우리가 행한 바 의로운 행위로 말미암지 아니하고 오직 그의 긍휼하심을 따라 중생의 씻음과 성령의 새롭게 하심으로 하셨나니"(딛 3:5).

'면제한다'(remit)는 것은 순전한 선물을 의미한다. 만일 어떤 채권자가 빚을 면제해 주었다면, 이는 그가 빚을 없애 주었으므로 더는 갚을 필요가 없다는 뜻이다. 마찬가지로 주님은 "나 곧 나는 나를 위하여 네 허물을 도말하는 자니 네 죄를 기억하지 아니하리라"(사 43:25)라고 말씀하신다.

로마 가톨릭은 사람이 세례를 받을 때 죄가 도말되는데, 후에 지은 죄는 보속의 행위로 보상되어야 한다고 가르쳐 왔다. 하지만 사도 요한은 분명하게 말한다. "만일 누가 죄를 범하여도 아버지 앞에서 우리에게 대언자가 있으니 곧 의로우신 예수 그리스도시라"(요일 2:1). 그리스도께서 언제나 우리를 아버지

앞으로 회복시키는 중보 역할을 하시는 변함없는 대언자이시다. 세례 요한은 "보라 세상 죄를 지고 가는 하나님의 어린 양이로다"(요 1:29)라고 말했다. 예수님만이 하나님의 어린양이시며, 이는 그분만이 죄를 위한 유일한 제물이심을 뜻한다.

죄에 대한 가톨릭의 가르침 중에는 우리가 반박해야 하는 또 다른 교리가 있다. 어떤 죄악은 가볍고(죽음을 가져오지 않는다.) 어떤 죄악은 치명적(죽음을 가져온다.)이라는 거짓 가르침이다. 이렇게 가르치는 사람들은 가벼운 죄는 주님이 가르치신 기도를 계속 드림으로, 또는 거룩한 물을 뿌림으로 해결받을 수 있다고 말한다. 하지만 이는 아무런 구분 없이 "죄의 삯은 사망"(롬 6:23)이라고 가르치는 성경의 가르침과 어긋난다. 신자는 죄를 지어도 영적인 죽음에는 이르지는 않는다(비록 영적인 죽음이 마땅하더라도). 하나님은 자비로우셔서 그리스도 예수 안에 있는 자들을 정죄하지 않으시기 때문이다.

죄에 대한 '보속'을 주장하는 자들은 다윗이 우리아와 밧세바에게 지은 죄를 사함받았지만 하나님은 그의 아들을 죽이심으로 벌하신 사실을 예로 든다(삼하 12:14). 그러나 하나님은 두 종류의 벌을 시행하신다. 하나는 징계이고 다른 하나는 의로운 보복이다. 다윗의 아들의 죽음은 주님이 저주를 부으신 것이 아니라 다윗을 징계하신 것이다.

제5장
로마 가톨릭의 가르침에 대해 몇 가지 더 살펴봄

가톨릭의 가르침 중 우리가 철저하게 거부하는 것 중 하나는 면죄부이다. 이 가르침은 그리스도와 사도와 순교자들의 공로가 보물처럼 쌓여 있으며 교황과 주교들이 이 공로를 다른 사람에게 나누어 줄 수 있다는 것이다. 만일 이것이 참된 가르침이라면 죄는 사도들과 순교자들의 공로에 의해 사함받을 수 있다. 하지만 성경은 "그 아들 예수의 피가 우리를 모든 죄에서 깨끗하게 하실 것이요"(요일 1:7)라고 말한다. 히브리서 10장 14절은 "그(그리스도)가 거룩하게 된 자들을 한 번의 제사로 영원히 온전하게 하셨느니라"라고 말한다. 죄 사함이 순교자의 피에 달려 있다는 말은 전혀 가당치 않다.

연옥은, 죽은 후 하나님께 받아들여지도록 좀 더 '보속'을 치러야 한다는 가르침이다. 우리는 이미 예수님의 피가 죄를 사하는 유일한 수단인 것과, 죄인이 구원을 받기 위해 하나님의 공의를 '만족시킬' 추가 행위는 결코 필요하지 않다는 사실 알아보았다. 연옥과 같은 장소가 없다면 우리는 죽은 자들을 위해 기도할 필요가 없다. 그들은 이미 하나님께 받아들여졌거나 거절되었을 것이기 때문이다. 성경 어디에도 죽은 자를 위해 기도해야 한다고 가르치는 구절은 없다.

제6장
그리스도인의 삶

이 주제는 매우 방대하므로 경건한 사람이 어떻게 살아야 하는지에 대해서만 집중하고자 한다. 성경은 우리가 의를 사랑하도록 가르치며 오류에 빠지지 않도록 우리의 삶을 인도할 규칙들을 알려 준다.

우리는 "내가 거룩하니 너희도 거룩할지어다"(레 19:2; 벧전 1:16)라는 교훈을 받았다. 거룩은 우리와 하나님의 친교를 묶는 끈이다. 물론 우리 자신의 거룩함으로 하나님과 교제하기란 불가능하다. 그러나 하나님이 거룩하시니 우리도 거룩해야 한다. 그분은 부정한 것과 전혀 교제를 나누실 수 없다.

성경은 우리에게 거룩을 권하고자 그리스도를 본으로 제시한다. 사실, 우리가 하나님을 우리 아버지로 부르기 원하면서 그분의 자녀답게 행하려 하지 않는다면 대단히 심각한 배은망덕한 죄를 짓는 것이다.

왜 우리가 주를 위해 거룩한 삶을 살아야 하는지 매우 타당한 이유들이 몇 가지 있다. 그리스도께서는 우리를 깨끗하게 하시려고 그분의 피를 흘려 주셨다. 그런데 우리 스스로 더욱 더러워진다면 이 얼마나 잘못된 일인가? 성령님은 우리를 하나님의 성전으로 만드셨다. 그러므로 우리는 그분의 성전인 우리의 몸을 깨끗하게 유지해야 한다. 우리의 영혼과 몸은 불멸할 것이기에 우리는 그날에 우리의 몸과 영혼이 흠이 없이 보존될 수 있도록 노력해야 한다.

스스로 그리스도인이라고 하면서 거룩한 삶을 살려고 노력하지 않는다면 그는 그리스도인이라는 이름을 가질 자격이 없다. 바울은 그러한 사람들에게 "유혹의 욕심을 따라 썩어져 가는 구습을 따르는 옛 사람을 벗어 버리고 오직 너희의 심령이 새롭게 되어 하나님을 따라 의와 진리의 거룩함으로 지으심을 받은 새 사람을 입으라"(엡 4:22-24)라고 말한다. 그리스도인은 완벽해야 한다고 말하려는 것이 아니다. 완벽해야 그리스도인이 될 수 있다면 그 누구도 그 표준에 닿을 수 없기에 교회에 떳떳하게 속할 수 없다. 그렇지만 거룩함에 대한 이 표준은 우리 삶의 목표여야 한다.

제7장
그리스도인의 자기 부인

하나님은 "너희 몸을 하나님이 기뻐하시는 거룩한 산 제물로 드리라"라고 하시며 그것이 우리가 마땅히 드릴 "영적 예배"라고 말씀하신다(롬 12:1 참조). 우리는 이제 나 자신의 것이 아니기에 우리의 뜻과 생각이 우리의 행동을 좌지우지하도록 내버려 두어서는 안 된다. 우리는 주님의 것이다. 그러므로 그분의 지혜와 뜻이 우리의 모든 행동을 주관하도록 해야 한다. 자신의 지혜만을 믿고 행한다면 멸망할 것이다. 그러므로 우리는 자신의 지혜를 내려놓고 주님의 다스리심을 받아들여야 한다.

성령님께 순복하는 사람은 이제 자신을 위해 살지 않으며 오직 그리스도께서 그 안에 사시게 된다(갈 2:20). 우리의 생각을 성령님께 복종하는 것이 바로 그리스도께서 제자들에게 요구하신 자기 부인이다. 우리가 살면서 자기 부인을 삶의 원칙으로 삼을 때 모든 탐욕과 자아도취가 사라질 것이다. 바울은 이 가르침을 디도서에서 요약했다. "모든 사람에게 구원을 주시는 하나님의 은혜가 나타나 우리를 양육하시되 경건하지 않은 것과 이 세상 정욕을 다 버리고 신중함과 의로움과 경건함으로 이 세상에 살고 복스러운 소망과 우리의 크신 하나님 구주 예수 그리스도의 영광이 나타나심을 기다리게 하셨으니"(딛 2:11-13). 그다음 구절에서 구원의 목적을 알 수 있다. "그가 우리를 대신하여 자신을 주심은 모든 불법에서 우리를 속량하시고 우리를 깨끗하게 하사 선한 일을 열심히 하는 자기 백성이 되게 하려 하심이라"(14절).

바울은 먼저 하나님의 사랑을 우리에게 알려 주며 우리도 사랑해야 한다고 권면한다. 그다음 그는 하나님을 섬기는 것을 막는 두 가지 장애물, 곧 세상 정욕과 경건하지 않은 것을 제거한다. 그리고 세 가지 형용사로 그리스도인의 삶을 묘사한다. 그 세 가지는 신중함과 의로움과 경건함이다. 신중함은 순결과 자제 그리고 하나님이 우리에게 주신 모든 것을 정직하고 신중하게 사용하는 것을 포함한다. 의로움은 다른 사람들을 대하는 데 있어 공평함과 정직함으로 하는 것을 의미한다. 경건함은 우리를 세상 사람들과 구별시킴으로 거룩함으로 하나님과 연합하는 것이다.

세상의 번영보다 하나님의 복을 사모하는 자들은 자신의 꾀를 의지하지 않을 것이다. 그들은 부와 명예를 탐하지 않고 단지 하나님이 원하시는 것을 행할 수 있도록 주께 간구할 것이다. 이것이 참된 자기 부인이다.

제8장
십자가를 지는 것

마태복음 16장 24절에서 주님은 우리에게 십자가를 지라고 말씀하신다. 주님이 하신 이 말씀은 우리가 감당해야 할 짐과 역경과 수고와 환난이 있다는 뜻이다. 하나님의 아들이 그러한 어려움을 감당하셨듯 그리스도인 역시 그것들로 입증되고 훈련되어야 한다. "인내는 연단을, 연단은 소망을 이루는 줄 앎이로다"(롬 5:3-4). 하나님은 고난당하는 우리와 함께하겠다고 약속하셨다. 따라서 그러한 고난을 당하는 자들은 그들과 함께하시는 주님을 증거한다. 이와 같이 우리가 감당하는 십자가는 우리로 하여금 자신을 의지하지 않고 하나님만 의지하는 법을 가르친다.

우리가 고난을 통해 배우는 가장 큰 교훈은 하나님에 대한 신뢰이지만 다른 것들도 있다. 주님은 때때로 우리에게 주신 은혜를 시험하기 위해 큰 어려움을 주신다. 예를 들어, 아브라함은 그의 약속의 아들인 이삭을 희생 제물로 바치라는 요청을 받았다. 그러한 믿음의 큰 시험은 마치 불속에서 시험을 받는 것과 같다. "너희 믿음의 확실함은 불로 연단하여도 없어질 금보다 더 귀하여 예수 그리스도께서 나타나실 때에 칭찬과 영광과 존귀를 얻게 할 것이니라"(벧전 1:7).

만일 우리가 이 세상을 살아가면서 무엇이든 풍족하다면, 우리는 교만해져서 하나님을 필요로 하지 않을 수 있다. 때때로 하나님은 우리의 삶이 개선되도록 우리를 바르게 하시고자 징계를 사용하신다. 히브리서 12장 5-6절이 이 사실을 말한다. "내 아들아 주의 징계하심을 경히 여기지 말며 그에게 꾸지람을 받을 때에 낙심하지 말라 주께서 그 사랑하시는 자를 징계하시고 그가 받아들이시는 아들마다 채찍질하심이라." 뿐만 아니라 우리가 감당하는 고난은 의를 위해 당하는 박해일 수 있다. 주를 위해 고난을 당한다면 그것은 우리에게 큰 영예이다.

제9장
내세의 삶을 바라봄

우리의 본성적인 성향은 우리에게 친숙한 이 세상을 더 좋아한다. 그러나 하나님은 우리가 세상에 너무 애착을 갖는 것을 원하지 않으신다. 주님은 어려움과 고난을 우리에게 주시면서 이 세상이 얼마나 허무한지 계속 보여 주신다. 우리는 이 훈련을 통해 이 세상에서는 결코 참된 행복을 얻을 수 없음을 알게 된다. 이 세상의 좋은 것들마저도 영원하지 않다. 영원한 가치를 지닌 것들을 누리려면 천국에 가야 하며, 우리는 그때까지 기다려야 한다.

우리는 세상의 것들을 대단히 중요하게 여기지는 않을지라도 미워해서는 안 된다. 삶은 하나님이 우리에게 주신 복이기 때문이다.

신자들은 천국에서 누릴 삶을 바르게 알고 기대할 수 있어야 한다. 우리가 이 세상을 떠나면 우리는 참으로 자유롭게 될 것이다. 우리가 이 땅에 거하는 동안 우리는 주와 따로 있지만(고후

5:6 참조) 영원토록 주님과 함께 있게 될 때에는 최고의 행복을 누리 것이다. 사람이 죽음을 두려워하는 것은 당연하다. 그러나 그리스도인에게는 이러한 두려움을 극복할 수 있는 빛이 있다. 그리스도인은 죽음 이후에 있을 부활 생명을 바라본다.

제10장
현재의 삶을 바르게 사용함

이 땅은 우리의 본향이 아니다. 우리는 이 땅에 속한 것들을 사용해 우리의 천국 여정을 돕도록 해야 한다. 몇몇 선한 사람들은 이 땅에 속한 것들이 악하게 사용될 수 있음을 깨닫고는 그것을 즐기기를 금했다. 이는 지나치게 금욕적인 자세이지만, 반대로 이 땅에 속한 것에 지나친 애착을 갖는 것도 피해야 한다.

성경은 우리를 인도할 일반 규칙을 알려 준다. 하나님이 주신 선물을 바른 목적, 곧 우리의 유익을 위해 사용하는 것이 옳다. 예를 들어, 하나님은 우리가 필요로 하는 것보다 더 많은 종류의 음식을 주셨는데, 이는 우리로 하여금 그 음식들을 즐기도록 하신 것이다. 하나님이 우리가 꼭 필요한 것만 취하기를 원하신다고 생각하지 말라. 이러한 생각은 하나님이 풍성하게 우리에게 주신 것들을 올바르게 즐길 기회를 빼앗는다.

제11장
믿음으로 의롭다 함을 얻음

독생자 예수 그리스도를 우리에게 주시기까지 우리를 사랑하신 하나님의 사랑으로부터 우리는 두 가지 주된 혜택을 받는다. 앞에서 우리는 어떻게 성령으로 말미암아 거룩해져서 순결한 삶을 살게 되었는지 알아보았다. 이제는 죄 없으신 그리스도로 인해 하나님과 화목하게 됨으로써 하나님이 우리의 재판장이 아닌 자상한 아버지가 되신 사실을 다루어 보겠다.

하나님 앞에서 의롭다 함을 받았다는 것은 하나님이 어떤 사람을 의롭게 여기고 그를 받아들이셨다는 뜻이다. 이는 하나님은 죄를 대단히 미워하시기에 죄인이 여전히 죄인으로 있는 한 그를 거룩한 진노로 대하실 수밖에 없다는 사실과 정반대이다. 인간의 법정에서 만일 어떤 사람이 무죄로 판명되면 의롭다 여겨진다. 그런데 하나님의 법정에서는 범죄자라도 죄가 가려지면 의롭다 여겨질 수 있다. 신자는 그의 죄가 그리스도의 보혈로 가려진 자이다.

이는 인간의 교훈이 아닌 성경이 친히 가르치는 교훈이다. "(그들은) 그리스도 예수 안에 있는 속량으로 말미암아 하나님의 은혜로 값 없이 의롭다 하심을 얻은 자 되었느니라 이 예수를 하나님이 그의 피로써 믿음으로 말미암는 화목제물로 세우셨으니 이는 하나님께서 길이 참으시는 중에 전에 지은 죄를 간과하심으로 자기의 의로우심을 나타내려 하심이니 곧 이 때에 자기의 의로우심을 나타내사 자기도 의로우시며 또한 예수 믿는 자를 의롭다 하려 하심이라"(롬 3:24-26). "하나님이 죄를 알지도 못하신 이를 우리를 대신하여 죄로 삼으신 것은 우리로 하여금 그 안에서 하나님의 의가 되게 하려 하심이라"(고후 5:21).

성경은 의롭다 함을 받는 데 있어 믿음에 의한 부분과 행위에 의한 부분이 따로 있다고 가르치지 않는다. 믿음에 의한 의로움과 행위에 의한 의로움은 서로 상반된다. 만일 우리가 행위를 의지한다면, 우리는 믿음으로 행하는 것이 아니다. 만일 우리가 하나님의 자비를 믿는다면, 우리의 행위는 구원을 얻는 데 아무런 소용이 없음을 알 것이다. 어떤 저자는 "죄를 짓지 않는 것이 하나님의 의이다. 그러나 사람의 의는 하나님의 은혜이다."라고 기록했다.

제12장
하나님의 심판대

우리는 인간의 법정이 아닌 하나님의 심판대 앞에서 재판을 받는다는 사실을 고려할 때에야 거저 주시는 칭의가 필요하다는 사실을 분명하게 알 수 있다. 사람의 기준은 하나님의 완벽한 기준 근처에도 갈 수 없다. 그분은 "하늘이라도 그가 보시기에 부정한"(욥 15:5) 거룩한 재판장이시며, 그분은 "결코 죄인을 용서하지 않으신다"(출 34:7 참조). "여호와여 주께서 죄악을 지켜보실진대 주여 누가 서리이까"(시 130:3). 그분의 의는 우리의 생각보다 훨씬 높다. 만일 우리가 그분의 율법을 전부 지켜야만 구원을 받을 수 있다면 우리는 지금 공포 가운데 두려워 떨 것이다. 이는 "누구든지 율법 책에 기록된 대로 모든 일을 항상 행하지 아니하는 자는 저주 아래에 있는 자라"(갈 3:10) 하였기 때문이다.

감히 누가 스스로 구원을 이룰 수 있다고 생각하는가? 당신이 다른 사람처럼 착하다거나 심지어 그들보다 더 나은 사람이라 할지라도 별 의미가 없다. 하나님의 기준은 완벽한 거룩함이다. 예수님은 스스로 의롭다고 여기는 자들에게 "너희는 사람 앞에서 스스로 옳다 하는 자들이나 너희 마음을 하나님께서 아시나니 사람 중에 높임을 받는 그것은 하나님 앞에 미움을 받는 것이니라"(눅 16:15)라고 말씀하셨다. 시편 기자는 바르게 깨닫고 "주의 종에게 심판을 행하지 마소서 주의 눈 앞에는 의로운 인생이 하나도 없나이다"(시 143:2)라고 기록했다.

자신의 죄악을 생각할 때 우리는 자신을 혐오하게 될 것이다. 또한 선행의 공로로 구원을 얻을 기회가 우리에게 있다는 생각을 더는 하지 않을 것이다. 우리는 하나님의 자비만을 의지하게 될 것이다. "그러므로 일렀으되 하나님이 교만한 자를 물리치시고 겸손한 자에게 은혜를 주신다 하였느니라"(약 4:6; 벧전 5:5).

제13장
우리는 모든 영광을 하나님께 드려야 한다

만일 어떤 사람이 스스로 구원을 이룰 수 있다고 주장한다면 그는 하나님께 속한 영광의 일부를 요구하는 것이다. 예레미야는 "지혜로운 자는 그의 지혜를 자랑하지 말라 용사는 그의 용맹을 자랑하지 말라 부자는 그의 부함을 자랑하지 말라 자랑하는 자는 이것으로 자랑할지니 곧 명철하여 나를 아는 것과 나 여호와는 사랑과 정의와 공의를 땅에 행하는 자인 줄 깨닫는 것이라 나는 이 일을 기뻐하노라 여호와의 말씀이니라"(렘 9:23-24)라고 외쳤다. 만일 사람이 스스로 자랑할 것이 있다면 이는 하나님께만 합당한 영광의 일부를 빼앗는 것을 의미한다.

우리가 의를 선물로 받을 때 우리는 하나님 앞에서 참된 평강을 경험할 수 있다. 누가 과연 "내가 내 마음을 정하게 하였다 내 죄를 깨끗하게 하였다"(잠 20:9)라고 말할 수 있겠는가? 우리의 양심은 우리가 하나님과 화평을 누릴 수 없음을 알려 준다. 우리의 유일한 소망은 믿음으로 그리스도와 연합해 오직 은혜로 의롭다 함을 받는 것이다.

제14장
참된 칭의

사람은 네 부류가 있다. 참 하나님을 모르고 거짓 우상 신을 섬기는 자들과, 그리스도인이라고 주장하면서 부정한 삶을 사는 자들과, 자신의 사악함을 가리기 위해 그리스도인인 척하는 위선자들과, 하나님의 영으로 새롭게 태어나서 거룩함을 목표로 사는 자들이다.

첫째 부류는 철저하게 악한 자들 그리고 선한 삶을 살려고 노력할지라도 참되신 한 분 하나님을 모르는 자들이다. 물론 선한 삶을 사는 것은 더 나으며 하나님은 때때로 이 세상에서 그러한 사람들에게 복을 주신다. 물론 그들의 선한 삶에 대한 보상으로가 아니라, 하나님은 선한 삶을 인정하신다는 것을 보여 주기 위해서다. 하지만 그들이 그리스도를 하나님으로 인정하지 않는다면 의롭다 함을 얻지 못한다. "아들이 있는 자에게는 생명이 있고 하나님의 아들이 없는 자에게는 생명이 없느니라"(요일 5:12). "믿음이 없이는 하나님을 기쁘시게 하지 못하나니"(히 11:6).

두 번째 부류와 세 번째 부류는 함께 다룰 수 있다. 악한 삶을 사는 자는 하나님의 영으로 거듭난 자가 아니다. 거듭나지 않은 사람은 믿음을 가질 수 없으며 또한 하나님과 화목할 수 없고 의롭다 함도 받을 수 없다. 그럼에도 불구하고 많은 사람들이 자신은 하나님이 인정하시는 선행을 할 수 있다고 생각하며 자신에게 의가 없음을 인정하지 않는다.

넷째 부류는 자신의 의를 주장하지 않는다. 그들은 하나님과 화목하게 됨으로 인해 자신의 죄를 사함받고 또한 의롭다 함을 받은 자들이다. 하나님의 영이 그들 가운데 거하시며 그들을 거룩하게 하시고 또한 순종하게 하시면서 그들의 삶을 정결하게 하신다. 사실, 순종은 그들의 주요한 바람으로서 그들은 항상 하나님의 영광을 드높이려고 한다. 하지만 이들에게도 불완전함은 있다. "선을 행하고 전혀 죄를 범하지 아니하는 의인은 세상에 없기"(전 7:20) 때문이다.

주님의 백성은 자신이 행하는 선한 행위를 전혀 의지할 수 없다는 사실을 안다. 그들은 선행을 하나님의 선함으로 말미암은 선물로, 그리고 하나님이 그들을 자녀로 부르신 표시로 여길 뿐이다.

제15장
하나님의 영광과 우리의 구원의 확신

우리의 선행조차 부정한 것이기에 하나님 앞에서는 공로로 인정받을 수 없다. 사실, 우리가 선을 행할 때 우리는 자신의 힘이 아니라 하나님의 은혜에 의해 행한다. 우리 안에 칭찬받을 만한 것이 있다면 그것은 하나님의 은혜로 인한 것이기에 그 영광은 오직 하나님께 돌려져야 한다. 하지만 우리가 선을 행할 때 하나님이 기뻐하지 않으신다고 생각해서도 안 된다. 도리어 주님은 우리의 선행에 대해 풍성하게 갚아 주신다.

사람이 선행으로 구원을 얻을 수 있다는 거짓 교훈은 수 세기 동안 전해져 왔다. 하지만 우리는 이러한 가르침을 철저하게 배격한다. 그 이유는 성경이 분명하게 "믿음을 따라 하지 아니하는 것은 다 죄니라"(롬 14:23)라고 말하기 때문이다.

또한 그리스도께서 하신 일은 단지 우리에게 구원을 이루어 낼 기회를 만들었을 뿐이라는 말은 십자가 상에서의 그리스도의 완전한 사역에 대한 모독이다. 성경은 그리스도를 믿는 자만이 의롭게 된다고 기록한다. "아들이 있는 자에게는 생명이 있고"(요일 5:12). 믿는 자는 "사망에서 생명으로 옮겨졌다"(요 5:24).

만일 구원이 행위로 이루어진다면, 우리는 충분한 선행을 했는지 늘 근심할 것이다. 하지만 신자들은 이미 그리스도의 생명을 받았으며 하늘에서 그리스도와 함께 있다. 그들은 이미 구원을 얻어 하나님 나라에 들어가 있다.

제16장
믿음으로 말미암은 칭의에 대한 몇 가지 반론들

어떤 사람들은 우리의 가르침이 선행을 폐하고 사람들로 하여금 계속 죄 가운데 거하도록 권한다고 말한다.

우리는 우리의 가르침이 정반대의 효과를 낸다고 반박한다. 즉, 이 가르침은 선행을 장려한다. 우리는 행함으로 나타나지 않는 믿음을 전하지 않는다. 믿음과 선행은 서로 연결되어 있다. 우리는 믿음으로 그리스도의 의를 얻지만, 동시에 그리스도의 거룩함도 받는다. 그리스도는 "우리에게 지혜와 의로움과 거룩함과 구원함이 되신"(고전 1:30) 분이시다. 이러한 거룩함은 반드시 우리의 삶을 정결하게 하며 선행을 낳게 한다.

우리는 의롭다 함을 받은 후 선행을 나타내지만, 선행으로 말미암아 의롭다 함을 받는 것은 아니다. 우리에게 선을 행하도록 권하는 매우 강력한 동기들이 있다. 만일 우리가 먼저 우리를 사랑하신 그분을 사랑하지 않고 또한 그분을 섬기거나 순종하기를 원하지 않는다면 우리는 지독하게 배은망덕한 자가 될 것이다.

우리의 가르침은 사람들로 하여금 계속 죄 가운데 거하도록 권하지 않는다. 우리가 가르치는 것은 우리의 죄 사함을 위해 누구도 갚을 수 없는 엄청난 대가가 치러졌다는 사실이다. 의는 거저 받지만 결코 값싼 것이 아니다. 우리를 용서하시고자 그리스도의 보혈과 생명이 희생되었다. 이 사실을 아는 사람은 죄를 범할 때 자신이 다시 한 번 보배로운 피를 흘리게 했음을 안다. 이 진리는 더 많은 선행으로 죄를 가릴 수 있다는 생각보다 훨씬 더 죄를 두려워하게 할 것이다.

제17장
율법의 위치

우리의 가르침이 구약의 율법을 헛되게 한다고 비방하는 자들이 있다. 구약에는 "너희가 이 모든 법도를 듣고 지켜 행하면 네 하나님 여호와께서 네 조상들에게 맹세하신 언약을 지켜 네게 인애를 베푸실 것이라"(신 7:12)라는 약속이 있다. 우리는 율법 전체를 지키지 못하면 저주가 임한다는 사실을 기억해야 한다. 그러므로 인류 전체가 이 기준에 따라 정죄를 받는다. 이 저주에서 벗어날 유일한 방법은 율법에서 벗어나는 것이다. 이러한 구출은 그리스도 안에 있는 하나님의 자비를 믿음으로 이루어진다.

어떤 사람들은 야고보가 아브라함이 행함으로 의롭다 함을 받았다고 가르친다고 주장한다. 하지만 바울은 아브라함이 믿음으로 말미암아 의롭다 함을 받았다고 주장했다!

야고보가 이 내용을 가르칠 무렵 교회 내에는 큰 믿음을 가졌다고 하면서 공개적으로 선행을 무시하는 그러한 자들이 있었다. 그러나 그들은 참된 믿음을 가지고 있지 않았다. 야고보는 그들의 확신이 얼마나 쓸모없는 것인지 보여 준다. 그는 '믿음'이라는 용어로 그들이 지닌 믿음에 대한 관점을 드러낸다.

이 구절에서 야고보가 말하려는 것은 "만일 어떤 사람이 행함이 없는 믿음을 가지고 있다면"이 아니다. "만일 어떤 사람이 믿음이 있는 척하며 행함을 무시한다면"이다. 야고보는 곧이어 그들의 '믿음'이 얼마나 제한되어 있는지 보여 준다. "네가 하나님은 한 분이신 줄을 믿느냐 잘하는도다 귀신들도 믿고 떠느니라 아아 허탄한 사람아 행함이 없는 믿음이 헛것인 줄을 알고자 하느냐"(약 2:19-20).

이러한 믿음으로는 당연히 의롭다 함을 받을 수 없다. 야고보의 참된 교훈에 따르면 참으로 믿음으로 말미암아 의롭다함을 받은 자들은 순종과 선행으로 그들의 의를 증거한다. 이는 바울도 동의하는 가르침이다!

제18장
상급

성경에는 하나님이 각 사람이 행한 대로 각 사람에게 모두 갚아 주신다는 구절들이 있다. 하지만 이 구절들이 말하는 내용은 믿음으로 말미암은 칭의의 진리와 상충되지 않는다. 하나님은 오직 주님의 자비로 우리를 구원하신다. 그러나 사람이 구원받은 이후에는 마땅히 선행을 포함하는 거룩이 따라와야 한다. 그러므로 신자들은 "영생하도록 있는 양식을 위하여"(요 6:27) 수고하라는 말씀을 듣게 되며, 하나님은 동시에 그에 따른 상을 주기로 약속하신다.

이 수고는 은혜를 대신하는 것이 아니라 신자의 마음 안에서 역사하는 은혜로 말미암은 결과이다. 그러므로 성경에 '상'이라는 용어가 나올 때 그 의미는 선행의 보상으로 구원을 받는다는 뜻이 아니라, 하늘에 신자들을 위한 상급이 있다는 뜻이다. 이는 하나님이 자기 백성에게 큰 복을 부어 주심을 의미한다. 선을 행하는 자들에게 하나님이 상을 빚졌기 때문에 보상하시는 것이 아니다. 하나님이 상을 주기로 약속하셨기 때문에 주시는 것이다. 중요한 것은 사건들의 순서이다.

제19장
그리스도인의 자유

그리스도인의 자유는 세 가지로 이루어진다.

1. 신자는 하나님의 율법을 행하고 순종함으로써 의를 얻으려는 시도를 포기할 때 구원을 확신할 수 있다. 누구도 도덕법의 기준에 따라 의로울 수 없기에 사람은 반드시 율법으로부터 정죄함을 받거나 아니면 자유로워야 한다. 우리는 의의 수단으로서 율법을 취하는 대신 그리스도만을 바라보아야 한다. 이는 우리가 어떻게 의로워질 수 있는가에 대한 문제가 아니라 어떻게 의롭게 여겨질 수 있는가에 대한 문제이다. 그러나 율법은 여전히 우리의 삶에서 그 기능을 하고 있다. 즉, 우리의 의무가 무엇인지 알려 주면서 거룩해지도록 이끈다.

2. 그러므로 신자는 의를 이루기 위해 율법을 지키지는 않을지라도 자원하는 마음으로 하나님의 뜻에 순종한다. 율법으로부터 자유로운 그들은 그들을 자유롭게 하신 하나님께 즐거운 마음으로 순종한다. 그들은 주인이 명령한 일을 날마다 해야 하는 노예들과 달리 인애하신 아버지께서 그들을 받아 주신 것을 확신하는 가운데 하나님의 자녀로서 순종한다.

3. 우리가 살아가다 보면, 성경에 뚜렷하게 명시되지 않은 그런 문제들을 만날 때가 있다. 신자는 이러한 것들에 대해 불안해하며 쓸모없는 가책을 느끼거나, 사람이 만든 법에 묶일 필요가 없다. 신자의 양심은 미신적인 주장들로부터 벗어나 평안을 누려야 한다. 신자는 음식, 거룩한 날, 특별한 복장 등으로부터 양심의 자유를 누려야 하며, 인간이 정한 법에 제약을 받아서는 안 된다.

사도 바울은 "내가 주 예수 안에서 알고 확신하노니 무엇이든지 스스로 속된 것이 없으되 다만 속되게 여기는 그 사람에게는 속되니라"(롬 14:14)라고 말했다. 우리는 이 말씀으로 말미암아 양심이 허용하는 한 모든 것을 자유롭게 사용할 수 있다. 우리는 오직 맑은 양심으로 살아가야 하며 양심에 걸리는 그릇된 모든 것을 멀리해야 한다.

바울은 또한 "누가 너희에게 이것이 제물이라 말하거든 알게 한 자와 그 양심을 위하여 먹지 말라 내가 말한 양심은 너희의 것이 아니요 남의 것이니 어찌하여 내 자유가 남의 양심으로 말미암아 판단을 받으리요"(고전 10:28-29)라고 말했다. 우리는 하나님이 주신 모든 선물을 양심의 가책이나 불안감 없이 하나님의 의도대로 사용할 수 있어야 한다.

제 20 장
기도

우리는 기도를 통해 우리의 하늘 아버지께서 우리를 위해 쌓아 두신 보물을 얻을 수 있다. 하늘 아버지는 우리가 원하는 것을 구하라고 당부하신다. 기도는 필수적이며 또한 유용하다.

어떤 사람들은 하나님이 우리의 모든 필요를 아시기에 우리는 기도할 필요가 없다고 주장한다. 하나님은 틀림없이 우리를 지켜보시며 때때로 우리가 구하기도 전에 우리에게 필요한 것을 주신다. 하지만 우리가 간절히 주께 구할 때 우리는 어려움 가운데서 하나님이 우리의 유일한 도움이 되신다는 사실을 배우게 된다.

다음에 제시되는 네 가지 규칙은 우리가 바른 기도를 드리는 데 도움이 될 것이다.

1. 참되신 하나님께 기도할 때는 겸손한 마음으로 해야 한다.

2. 우리가 구하는 것들에 대해 진정으로 필요를 느껴야 한다.

3. 모든 영광은 하나님께 속하므로 우리 자신에 대한 교만이나 확신을 가져서는 안 된다.

4. 겸허한 마음으로 기도하되 하나님이 들으시고 응답하실 것을 기대하며 기도해야 한다. 그리스도께서는 "무엇이든지 기도하고 구하는 것은 받은 줄로 믿으라 그리하면 너희에게 그대로 되리라"(막 11:24)라고 명하셨다.

그 누구도 하나님 앞에 나아갈 자격이 되지 않는다. 하지만 하나님이 자신의 아들을 중보자로 주셨다. 그래서 우리는 그 아들의 이름으로 나아가 하나님께 간구할 수 있게 되었다. 하나님은 그분의 아들을 거절하지 않으시기에 그 간구에 응답해 주신다.

어떤 사람들은 죽은 성도들에게 기도한다. 세상을 떠난 성도들이 여전히 기도한다 해도, 그들 역시 중보자 그리스도를 통해서만 기도할 수 있을 것이다. 그러므로 하나님이 주신 중보자를 무시하고 죽은 성도들의 중보를 구하는 것은 미친 짓이다.

주님이 가르쳐 주신 기도에 대한 설명

주님이 가르쳐 주신 기도의 첫 마디는 우리가 그리스도를 통해서만 하나님께 나아갈 수 있음을 상기시킨다. 만일 그리스도께서 우리를 자신의 형제로 삼기 위해, 그리고 그분의 아버지를 우리의 아버지가 되도록 하시기 위해 죽지 않으셨다면 하나님은 우리의 아버지가 되지 못하셨을 것이다. 예수님은 "영접하는 자 곧 그 이름을 믿는 자들에게는 하나님의 자녀가 되는 권세를 주셨으니"(요 1:12)라고 말씀하신다.

하나님이 '하늘에' 계신다고 말할 때 우리는 그분이 어떤 공간에 갇혀 계신 것으로 생각해서는 안 된다. 솔로몬은 "하늘과 하늘들의 하늘이라도 주를 용납하지 못하겠거든"(왕상 8:27)이라고 말했다.

첫 번째 청원은 하나님의 이름이 거룩히 여김을 받는 것이다. 이러한 기도가 필요하다는 것은 인류에게 수치이다. 우리는 하나님께 합당한 영광을 돌려야 하며, 가장 경외하는 마음으로 하나님을 생각하며 그분께 아뢰어야 한다.

두 번째 청원은 주의 나라가 임하는 것이다. 이것은 원대한 간구이다. 하나님은 자기를 부인하고 의를 따르는 자들을 다스리신다. 그러므로 우리는 이 청원을 통해 하나님이 우리의 죄의 욕구를 고쳐 주시고 우리가 주께 순종할 수 있도록 우리의 본성을 개선시켜 주시기를 구한다. 따라서 올바른 기도의 방법은 나 자신을 포함한 내 안에서 하나님 나라의 통치를 방해하는 모든 것으로부터 벗어나기를 구하는 것이다. 그 후 우리는 하나님 나라의 확장과 하나님의 원수들의 패배를 위해 기도할 수 있다. 하나님 나라는 그리스도께서 다시 오실 때 완전하게 임할 것이다. 하나님은 만유의 주로서 만유 안에 계실 것이다.

세 번째 청원은 하나님의 뜻이 하늘에서처럼 이 땅에서도 이루어지는 것이다. 이 청원은 앞부분의 간구와 관련해 어떻게 하나님이 이 세상에서 왕이 되시는지 좀 더 상세하게 설명한다.

우리는 주님이 가르쳐 주신 기도의 전반부에서 우리 자신을 생각하지 않고 오직 하나님의 영광만을 생각하면서 기도하는 법을 배운다. 후반부에서는 매일의 삶 속에서 하나님께 헌신하게 해 주시기를 기도드린다.

일용할 양식을 위한 기도는 단지 음식만을 의미하지 않는다. 날마다 필요한 육신의 모든 필요를 하나님께 구하는 것을 의미한다. 그러므로 우리는 의식주와 관련해 하나님의 돌보심을 받도록 우리 자신을 주님께 바쳐야 한다.

다섯째 및 여섯째 청원은 영생과 죄 사함을 얻고 시험을 이기는 데 필요한 것을 구하는 내용이다. 여기서 죄는 '빚'으로 불리는데 이는 우리가 형벌을 치러야 하기 때문이다. 물론 우리에게는 그 형벌을 치를 능력이 없으므로 죄 사함을 통해 석방되어야 한다. "우리를 시험에 들게 하지 마시옵고 다만 악에서 구하시옵소서"라는 기도는 우리가 원수를 이기도록 하나님의 능력을 구하는 기도이다. 악으로부터 구원을 받는 것은 악한 자와 죄로부터 구원을 받는 것을 의미한다. 죄는 우리의 원수 사탄이 우리를 향해 사용하는 무기이기 때문이다.

주님이 기도를 가르쳐 주신 것은, 우리로 하여금 그 형식대로만 기도하게 하려는 목적이 아니다. 성경에는 수많은 다양한 기도가 있으며, 같은 성령님에 의해 영감된 많은 기도 내용들이 있다. 그러나 주님이 가르쳐 주신 기도는 우리가 바르게 기도하려면 무엇을 간구해야 하는지 알려 준다.

제21장
선택 1

분명한 것은 하나님은 모든 사람을 택해 구원하지 않으신다는 사실이다. 심지어 복음은 세상 모든 곳에서 전파되지 않으며, 또한 복음을 들은 사람이 다 복음을 받아들이는 것도 아니다. 우리는 하나님이 특정한 사람들을 택하시며 그들을 예정하셨음을 믿을 수밖에 없다. 하나님은 예외 없이 모든 사람을 구원으로 이끌지 않으신다. 어떤 사람에게는 구원을 주시지만 어떤 사람에게는 주지 않으신다. 이러한 대조는 하나님이 어떤 사람들을 사랑하여 택하신다는 사실을 드러냄으로써 하나님의 은혜에 빛을 비춘다.

바울은 "그런즉 이와 같이 지금도 은혜로 택하심을 따라 남은 자가 있느니라 만일 은혜로 된 것이면 행위로 말미암지 않음이니 그렇지 않으면 은혜가 은혜 되지 못하느니라"(롬 11:5-6)라고 기록했다. 바울은 구원이 오직 은혜로 된다는 것을 보여 주고자 선택 교리를 알려 줄 필요를 느꼈다. 교만한 자들은 선택 교리를 부인한다. 우리 스스로는 하나님을 의지할 수조차 없다. 이 사실은 참으로 겸손한 자만이 알 수 있다. 불경건한 자들은 선택 교리를 조롱하지만, 우리는 그 진리를 감출 이유가 전혀 없다.

사람들은 종종 하나님의 택하심은 단지 그분의 예지에 근거한다고 말한다. 즉, 하나님은 누가 자신을 믿을지 미리 아시기에 그들만 택하신다는 것이다. 우리도 하나님의 예지를 굳게 믿지만, 주의 택하심은 이보다 훨씬 전부터 있다고 가르친다. 어떤 사람에게는 영생이 미리 정해져 있으며, 어떤 사람에게는 영원한 멸망이 정해져 있다. 그러므로 모든 사람들의 생명 또는 죽음은 미리 정해져 있다.

하나님은 각 개인을 택하셨듯 한 민족을 미리 정하셨다. 이에 대해 주님이 역사하시는 방법의 예를 들 수 있다. 모세는 이스라엘 백성에게 그들이 택함을 받은 유일한 이유는 오직 하나님의 자발적인 사랑이라고 말했다. "여호와께서 너희를 기뻐하시고 너희를 택하심은 너희가 다른 민족보다 수효가 많기 때문이 아니니라 너희는 오히려 모든 민족 중에 가장 적으니라 여호와께서 다만 너희를 사랑하심으로 말미암아, 또는 너희의 조상들에게 하신 맹세를 지키려 하심으로 말미암아"(신 7:7-8). 하나님은 완고하며 불순종하는 자들에게 은총을 나타내고자 한 민족을 택하셨다. 이를 생각한다면 주님이 어떤 개인에게 자비를 나타내기를 기뻐하실 때 그 판단에 대해 따질 권리란 우리에게 전혀 없을 것이다.

우리는 또한 하나님은 어떤 개인에게 구원을 제시하실 뿐 아니라 그가 구원을 반드시 받아들이도록 하신다는 사실도 생각해야 한다. 그리스도의 가족에 속한 지체들은 한 번 그리스도와 연합했다면 결코 그들의 구원을 잃을 수 없다. 이는 하나님의 은혜를 탁월하게 드러낸다.

제22, 23, 24장
선택 2

어떤 사람들은 하나님은 누가 그분의 은혜를 받기에 합당한지 미리 아시기에 그들을 주의 자녀로 택하신다고 가르친다. 하지만 바울은 "곧 창세 전에 그리스도 안에서 우리를 택하사 우리로 사랑 안에서 그 앞에 거룩하고 흠이 없게 하시려고"(엡 1:4)라고 가르친다. 하나님은 우리가 자격이 있어서 우리를 택하신 것이 아니다. 주님이 우리가 거룩해지도록 우리를 택하실 때 우리가 거룩해질 것을 미리 아시고 택하신 것은 아니다.

예정은 주 예수님이 뚜렷하게 친히 가르치신 내용이다. "아버지께서 내게 주시는 자는 다 내게로 올 것이요 …… 나를 보내신 이의 뜻은 내게 주신 자 중에 내가 하나도 잃어버리지 아니하고 마지막 날에 다시 살리는 이것이니라"(요 6:37, 39). "나를 보내신 아버지께서 이끌지 아니하시면 아무도 내게 올 수 없으니 오는 그를 내가 마지막 날에 다시 살리리라"(요 6:44).

어떤 사람들은 하나님이 모든 사람을 초청하시고는 오직 몇몇 소수만 받아 주신다면, 모든 사람에게 복음의 메시지를 전파하는 것은 하나님 자신에게 모순이 된다고 말한다. 복음이 전파될 때 모든 사람에게 회개가 요구되지만, 회개와 믿음의 영은 모든 사람에게 주어지지 않는다. 믿음의 선물은 희귀하다. 하지만 이 사실이 불신의 죄책을 감소시키지는 않는다. 사도 바울은 로마서 9장 20-21절에서 택정함이 불공평하다고 말하는 자들을 잠잠케 한다. 예정은 사람이 태어나기 전에 분명하게 정해진다. 로마서 9장은 이 사실을 매우 분명하게 가르친다. 하나님은 "내가 야곱은 사랑하고 에서는 미워하였다"(롬 9:13)라고 말씀하셨다.

여기서 우리는 예정에 대해 반박하는 세 가지 주장에 대해 답변하겠다.

1. 하나님이 모든 사람을 똑같이 다루지 않으시면 편애하는 것이라는 주장에 대해: 우리는 모든 사람이 죄 가운데 있으며 하나님은 심판을 내리실 권리가 있다고 답변한다. 하나님은 몇몇 사람에게 자비를 베푸시고 구원하신다.

2. 하나님이 이미 어떤 사람은 구원하기로 정하시고 다른 사람은 거부하기로 정하셨다 한다면, 사람이 무엇을 하든 중요하지 않다고 주장할 수 있기에, 예정은 선행을 소홀히 여기게 한다는 주장에 대해: 그러나 성경의 가르침은 이러한 사악한 생각을 전적으로 반대한다.

3. 선행이 아무런 차이를 만들지 못한다면, 선한 삶을 살아야 한다는 가르침은 필요가 없다는 주장에 대해: 바울은 택하심에 대해 매우 분명하게 가르쳤지만 거룩한 삶을 살아야 한다는 호소에 있어서도 조금도 누그러짐이 없었다.

어거스틴은 이 부분에 대해 사람들에게 지혜롭게 가르쳤다. "우리는 택하심을 받은 자가 누구인지 알지 못하므로 모든 사람의 구원을 간절하게 바라는 것이 지혜롭다. 따라서 우리가 만나는 모든 사람이 평화의 복음에 참여할 수 있기를 바라라. 하지만 우리의 평강은 오직 평화의 자녀들에게만 임할 것이다."

제25장
부활

그리스도인은 이 땅에 사는 동안에도 그리스도와 연합하는 것이 가장 완벽한 유일한 행복임을 안다. "그러나 우리의 시민권은 하늘에 있는지라 거기로부터 구원하는 자 곧 주 예수 그리스도를 기다리노니 그는 만물을 자기에게 복종하게 하실 수 있는 자의 역사로 우리의 낮은 몸을 자기 영광의 몸의 형체와 같이 변하게 하시리라"(빌 3:20-21). 죽은 자의 부활은 대단히 중요한 문제이다. 만일 죽은 자가 일어나지 못한다면 복음의 가르침 전체가 거짓이기 때문이다(고전 15:14-19). 썩은 몸이 다시 일어나는 것을 믿기 어려울 수 있다. 성경은 우리의 믿음을 격려하기 위해 두 가지 도움을 준다.

1. 그리스도께서는 사람의 몸을 입고 이 땅에서 사신 후 죽음을 지나 불멸의 상태에 이르셨다. 따라서 그리스도께서는 우리의 부활을 보장하신다. "만일 죽은 자의 부활이 없으면 그리스도

도 다시 살아나지 못하셨으리라"(고전 15:13). 그리스도께서는 모든 믿는 자들에게 성취될 사건들의 시작이며 믿는 자들의 머리로서 일어나셨다.

2. 하나님은 전능하시다. 그러므로 약속하신 것을 이루실 수 있다. "그(예수)는 만물을 자기에게 복종하게 하실 수 있는 자의 역사로 우리의 낮은 몸을 자기 영광의 몸의 형체와 같이 변하게 하시리라"(빌 3:21). 만일 우리가 우리 주변에서 발생하는 세상의 놀라운 일들을 연구하고 또한 우리의 영광스러우신 하나님이 기적을 행하심을 기억한다면 이 사실을 믿기란 어렵지 않다.

불신자들 역시 신자들과 마찬가지로 부활할 것이다. 하지만 하나님의 무서운 심판이 불신자들에게 임할 것이다. 이에 대해서는 말로 묘사할 수 없다. 성경을 보면, 그 심판은 육체적인 고통으로서 대단히 끔찍하다고 알려 준다. 그러나 가장 무서운 형벌은 하나님으로부터의 분리이다. 바울은 데살로니가후서 1장 9절에서 이에 대해 매우 심각하게 기록했다. "이런 자들은 주의 얼굴과 그의 힘의 영광을 떠나 영원한 멸망의 형벌을 받으리로다"(살후 1:9).

"누가 주의 노여움의 능력을 알며 누가 주의 진노의 두려움을 알리이까 우리에게 우리 날 계수함을 가르치사 지혜로운 마음을 얻게 하소서"(시 90:11-12).

일러두기 칼빈은 기독교 강요 제4권에서 교회와 성례와 정치에 대해 썼으나 이 책에서는 생략되었다.

사명선언문

너희가 흠이 없고 순전하여……세상에서 그들 가운데 빛들로
나타내며 생명의 말씀을 밝혀 _ 빌 2:15-16

1. 생명을 담겠습니다
만드는 책에 주님 주신 생명을 담겠습니다.
그 책으로 복음을 선포하겠습니다.

2. 말씀을 밝히겠습니다
생명의 근본은 말씀입니다.
말씀을 밝혀 성도와 교회의 성장을 돕겠습니다.

3. 빛이 되겠습니다
시대와 영혼의 어두움을 밝혀 주님 앞으로 이끄는
빛이 되는 책을 만들겠습니다.

4. 순전히 행하겠습니다
책을 만들고 전하는 일과 경영하는 일에 부끄러움이 없는
정직함으로 행하겠습니다.

5. 끝까지 전파하겠습니다
모든 사람에게, 땅 끝까지, 주님 오시는 그날까지
복음을 전하는 사명을 다하겠습니다.

서점 안내

광화문점 서울시 종로구 새문안로 69 구세군회관 1층
02)737-2288 / 02)737-4623(F)

강남점 서울시 서초구 신반포로 177 반포쇼핑타운 3동 2층
02)595-1211 / 02)595-3549(F)

구로점 서울시 동작구 시흥대로 602, 3층 302호
02)858-8744 / 02)838-0653(F)

노원점 서울시 노원구 동일로 1366 삼봉빌딩 지하 1층
02)938-7979 / 02)3391-6169(F)

일산점 경기도 고양시 일산서구 중앙로 1391 레이크타운 지하 1층
031)916-8787 / 031)916-8788(F)

의정부점 경기도 의정부시 청사로47번길 12 성산타워 3층
031)845-0600 / 031)852-6930(F)

인터넷서점 www.lifebook.co.kr